AI 시대의
언브레이커블 인재

AI 시대의 언브레이커블 인재
UNBREAKABLE BY AI

김지은 지음

시원북스

프롤로그

AI 기술의 발전과 함께 성장할
미래 인재를 위하여

AI와 빅블러 시대

인공지능AI, Artificial Intelligence은 우리의 생활, 업무 방식과 직업 세계를 혁신적으로 변화시킬 것이다. 인간의 인지 능력을 보완하는 AI로 인한 변화는 인간의 육체 노동을 대체한 기계로 인한 변화보다 더욱 광범위하고 빠를 것으로 예상된다.

산업 간 경계, 대기업과 중소기업의 구분, 교육자와 학습자의 역할 등 기존의 경계가 허물어지고 있는 빅블러Big Blur의 시대다. 이러한 변화 또한 새로운 형태의 직업과 업무 방식의 탄생을 예고한다.

과거 산업화 시대에 중요했던 단순 기술력이나 암기력

의 가치는 점차 감소하고 있다. AI가 대체할 수 있는 기술과 지식을 배우는 데 시간을 낭비하기보다는, AI와 협력하면서 인간만의 강점을 발휘할 수 있는 기술과 지식 그리고 역량을 개발해야 한다.

AI 시대의 급격한 변화에 대응하기 위해 교육 시스템의 혁신도 필수적이다. 기존의 교육 방식만으로는 미래 사회가 요구하는 인재를 양성하기 어렵다. 단순히 해외 유명 대학의 교육 모델을 도입하거나 AI 활용 교육을 제공하는 것만으로는 충분하지 않다. AI를 활용하는 "인간"의 변화에 초점을 맞추어야 한다. 그리고 진정한 변화를 이루기 위해서는 개인, 부모, 교사, 조직, 그리고 사회 전반의 인식 변화가 동반되어야 한다. 코세라Coursera, 유데미Udemy, 에드XedX와 같은 해외 온라인 교육 플랫폼으로 교육의 글로벌화가 가속되고 있다. 우리의 교육 시스템과 사회적 인식이 변화하지 않으면 우리나라의 인재들은 점차 경쟁력을 잃게 될 것이다.

불멸의 미래 인재 'X + AI + HC + U'

이런 격변의 시대에 우리와 우리 자녀들은 어떤 인재가 되어야 할까? 이 책《AI 시대의 언브레이커블 인재》는 이 질문에 대한 통찰력 있는 답변을 제시한다.

AI 시대의 언브레이커블 인재가 갖춰야 할 다섯 가지 힘은 '융합력, 인성, AI 주도력, 창의적 문제해결력, 자기혁신력'이다. 이들은 서로 밀접하게 연관되어 있으며, 통합적으로 발휘될 때 그 효과가 극대화된다. 예를 들어, 융합력은 창의적 문제해결을 촉진하고, AI 주도력은 이를 더욱 효율적으로 만든다. 인성은 윤리적 AI 개발의 토대가 되며, 자기혁신력은 이 모든 능력의 지속적 발전을 가능하게 한다.

AI 혁명 시대에 살아남기 위해서는 자신의 분야에 AI를 활용하는 X+AI 인재를 넘어, 이러한 인간 고유의 역량을 발휘하고 자신만의 유니크함(가치관, 철학, 경험, 스토리 등)을 갖춘 X+AI+HC_{Human Competencies}+U_{Uniqueness} 인재가 되어야 하는 것이다.

누구에게 어떻게 도움이 되나?

이 책은 AI 시대의 인재에게 필요한, 사회 변화에도 흔들리지 않고 평생 발휘해야 하는 역량들을 제시한다. 또한 실제 업무, 비즈니스와 교육에 적용할 수 있는 전략과 조언, 인사이트를 제공하여 개인·조직·부모·교육자 모두가 미래에 효과적으로 대비할 수 있도록 안내한다.

빅블러 시대에는 가르치는 사람과 배우는 사람의 경계가 흐려지고 우리는 여러 역할을 수행하게 된다. 이 책은 각 역할을 선택했을 때 자신의 위치에서 최적의 성장 전략을 수립할 수 있도록 다음과 같이 도와준다.

- **학습자** AI와 협력하고 자신만의 고유한 강점을 발휘할 수 있는 방법을 배울 수 있다.
- **교사** AI 디지털교과서 도입과 교육 트렌드에 맞추어 학생들의 미래 핵심 역량을 어떻게 함양시킬지에 대한 구체적인 방법을 배울 수 있다.
- **학부모** AI 시대에 자녀의 미래 경쟁력을 위해 어떤 능력을 어떻게 키워야 하는지 이해할 수 있다.
- **직장인** 변화하는 직업 환경에 대응하고 지속적인 경력 개발과 자기혁신력을 강화하는 방법을 알 수 있다.
- **CEO와 기업 경영진** AI 시대에 맞는 조직 혁신과 인재 육성 전략을 수립하는 데 필요한 인사이트를 얻을 수 있다.
- **정책 입안자** AI 시대에 필요한 교육 시스템 혁신과 국가 인재 육성 정책 수립에 참고할 수 있는 아이디어를 얻을 수 있다.

- **교육 관련자** AI 시대의 교육 패러다임 변화에 대한 통찰을 얻고 미래 교육 방향을 설정하는 데 도움을 받을 수 있다.

AI의 발전으로 인한 일자리 감소를 걱정하지 말자. 우리의 목표는 AI의 영역을 넘어선 인간만의 고유 영역에서 탁월함을 발휘하는 '언브레이커블 인재'가 되는 것이다. 기술 발전을 이용해 더욱 여유롭고 스마트하게 일하면서 충만하고 즐겁게 살자.

차례

프롤로그　AI 기술의 발전과 함께 성장할 미래 인재를 위하여　4
AI 시대의 언브레이커블 인재는 어떤 모습일까?　13

1장　융합력으로 독보적인 존재 되기

01　독보적인 존재는 대체되지 않는다　18
02　다빈치의 노트에서 찾는 미래 전략　22
03　빅블러 시대, 융합으로 기회를 만들자　29
04　해외 교육 트렌드와 성공하는 융합 교육　34
05　융합에 대한 오해와 진실　44
06　AI 융합, 두려움을 설렘으로　50
07　파이형 인재, M자형 인재 되기　56

2장　인성으로 '육각형 인간' 되기

01　AI 시대, 인성이 인재의 필수 조건이다　78
02　심장의 시대, 사람의 마음을 움직이는 능력이 경쟁력　82
03　하이테크 시대, 하이터치 하자　89
04　인성과 윤리도 학습하자　95
05　공감하는 마음과 플레이풀한 영혼　104
06　자신을 향한 인성, 내면의 풍요와 평화　109

3장　AI 주도력으로 슈퍼파워와 행복 갖기

01　시선을 AI가 아닌 AI를 활용하는 인간에게로 옮겨보자　**120**
02　AI의 목적은 '인간의 행복'이어야 한다　**125**
03　X + AI + HC + U 인재가 되자　**135**
04　데이터와 AI의 한계를 인식하고 보완하자　**148**
05　AI와는 이렇게 대화해보자　**153**
06　AI 디지털교과서의 시대, 무엇을 어떻게 배워야 하나　**163**
07　AI와 함께하는 업무 혁명　**173**
08　AI와 함께하여 경쟁력을 강화하자　**184**

4장　창의적 문제해결력으로 즐겁게 특별해지기

01　AI 시대의 생존 전략　**196**
02　사람들은 '창의적 문제해결 마법사'를 기다린다　**204**
03　철학자처럼 질문하고 문제를 제시하자　**213**
04　AI의 대량 생산 창의성과 인간의 장인 창의성　**219**
05　모니터링과 필터링을 멈추고 놀이를 하자　**227**
06　해외 사례와 실제 수업 사례　**233**
07　AI가 만들어준 여유로 인생의 궁극적인 목적을 달성하자　**245**
08　인류에 공헌하는 인재가 되자　**249**

5장 자기혁신력으로 평생 성장하면서 워크플레이 하기

01 자신을 '스타트업' 하자 　　　　　　　　　　**256**
02 일과 놀이의 경계를 허물어보자 　　　　　　**260**
03 설레는, 미칠 수 있는 것을 찾자 　　　　　　**271**
04 리스킬링과 업스킬링 그리고 평생학습 　　**276**
05 마이크로러닝, 10분 운동으로 근육을 만드는 것처럼 　**283**
06 마이크로디그리, 마이크로크리덴셜로
　　미래에 필요한 역량이나 기술 배우기 　　　**287**
07 자기 브랜딩과 시나리오 그리고 재미있는 미래 　**293**

부록

교육자와 부모에게_언브레이커블 인재를 위한 20가지 　**306**

AI 시대의 언브레이커블 인재는
어떤 모습일까?

서로 다른 마인드와 역량을 가지고 직장인으로 살아가고 있는 A와 B가 있다.

> **A** 강남에 살면서 여러 사교육을 받았다. 하고 싶은 것을 모두 참고 공부하여 명문대를 우수한 성적으로 졸업을 했고 운 좋게 대기업에 입사할 수도 있었다.
>
> AI와 같이 일을 정확하게 수행한다. 복잡한 계산을 빠르게 처리하고, 대량의 정보를 효율적으로 정리하는 데 능숙하다. 마치 컴퓨터처럼 오류 없이 일처리를 해내며, 동료들은 그의 정확성과 효율성에 놀라워한다.

하지만 최근 AI 기술의 급속한 발전으로 불안감이 커지고 있다. 자신의 업무와 강점이 AI로 대체될 수 있다는 생각에 고민이 많다. 그렇지만 무엇을 해야 할지는 잘 모른다. 이 회사에서 해고되면 갈 데가 없다는 생각에 불안해서 자신이 익숙한 일을 더 열심히 한다. 열심히 한다는 것을 보여주기 위해 야근을 자청하고, 주말에도 일한다.

B 대학에서 다양한 경험을 즐겁게 하고 근무 환경이 좋은 회사에 취업을 했다. AI가 할 수 있는 일은 AI에게 맡긴다. AI와 경쟁하지 않고 인간만이 할 수 있는 일에서 탁월함을 발휘한다. 이런 접근 방식으로 혁신적인 아이디어를 제안하여 큰 프로젝트를 성공적으로 이끈다. 철학자처럼 사색하고 성찰하면서 좋아하는 일에 집중한다. 이를 통해 업무 효율성이 높아지고 창의적인 해결책을 자주 도출해낸다. 질문을 던지고 답을 찾아가는 과정 자체를 즐긴다.

모든 면에서 최고는 아니지만, 자신만의 특별함을 인식하고 발전시킨다. AI가 만든 결과물에 자신만의 독특한 색채를 입혀 특별하게 만든다. 그 결과, 독보적인 전문가로 인정받게 된다.

세상의 변화를 민감하게 감지하고, 필요한 것을 빠르게 배워 적용한다. 평생 하고 싶은 일을 즐겁게 하면서 인생을 놀이처럼 살아가는 것이 목표다.

A는 이른바 엘리트 코스를 밟았고 사회적으로 성공한 사람이지만 AI 시대에 잘 적응하지 못하는 과거의 인재, B는 AI를 잘 활용하면서도 인간만이 할 수 있는 것을 잘하는 미래의 인재라 할 수 있다.

당신은 어떤 인재가 되어 살아가고 싶은가? 우리의 아이들은 둘 중 어떤 인재로 자라나야 할까? 다음 장부터 이 질문에 대한 답을 함께 찾아보자.

Jieun's insight

- 자신이 잘하는 것들, 좋아하는 것들을 융합해서 독보적 인재가 되어보자.
- 단일 분야의 지식만으로는 미래의 다양하고 복잡한 문제들을 효과적으로 해결하기 어렵다.
- 융합의 목적은 단순히 여러 분야를 결합하는 것이 아니다.
  이를 바탕으로 창의적으로 문제를 해결하고 새로운 가치를 창출하는 것이다.

1장

융합력으로 독보적인 존재 되기

01
독보적인 존재는
대체되지 않는다

미래의 '독보적'은 어떤 의미일까?

당신이 학생이든, 직장인이든, 당신이 속해 있는 분야에서 상위 몇 퍼센트라고 생각하는가? 그 분야에서 독보적인 존재가 될 자신이 있는가? 독보적인 존재가 되고 싶은 욕망은 있는가? 욕망은 있지만 불가능하다고 생각하는가?

  최근 많은 기업들이 AI 기술의 도입을 통해 적은 수의 직원으로도 높은 생산성을 달성하고 있다. 앞으로 더 많은 사람들이 AI와 함께 소수의 인력을 관리하는 리더 또는 책임자 역할을 맡게 될 가능성이 높다. 또한 새로운 직업을 만들어내는 '창직'job creation 현상이 활발해질 것이다. 개인이 직접 콘텐츠를 제작하고 이를 통해 수익을 창출하는 1인 크리에이터도 증가할 것으로 예상된다.

이러한 상황에서 살아남기 위해서는 특정 분야에서 뛰어난 능력과 고유한 가치를 지닌 사람이 되어야 한다. 새로운 일자리를 창조해내거나 자신만의 독보적인 콘텐츠, 독보적인 가치를 창출할 수 있는 사람이 되어야 한다는 것이다.

그런데 어떤 사람들은 독보적이라는 말을 들으면 거부감을 느끼기도 한다. 그 말 속에 최고가 되어야 한다는 압박감이 담겨 있다고 생각하기 때문이다. 그래서 독보적이 된다는 것은 다른 사람들과의 경쟁을 의미한다고 여긴다.

하지만 미래의 독보적인 인재는 정해진 줄에 서서 1등을 하는 사람이 아니다. 다양한 줄에, 자신이 만들 수도 있는 줄의 앞에 서는 사람이다.

융합을 통해 차별화된 강점을 갖추자

팀 페리스Tim Ferriss는 그의 책《타이탄의 도구들Tools of Titans》*에서 남다른 삶을 원한다면 한 분야에서 최고가 되거나 두 가지 이상의 일에서 25% 이상이 되라고 한다. 한 분야에서 최고가 되는 것은 쉽지는 않다. 어떤 분야에서 정상에 오르려면 타고난 재능과 함께 엄청난 노력이 필요하기 때문이다. 그러나 두세 개 정도의 분야에서 상위 25%까지 되는 것은 상대적으로 쉽다. 이렇게 생각해보면 이해가 쉬울 수도 있다.

어떤 분야에 대한 콘텐츠를 만들거나 책을 쓴다고 생각해보자. 영어교육을 예로 들면, 영어교육에 대해 잘 아는 사람들은 너무 많아서 콘텐츠를 만들어도 독보적이 될 수 있는 가능성이 낮다. 그런데 영어교육에 대해 잘 알고, 호텔 분야에 대해서도 잘 알며, 여기에 국제 관계학까지 공부했다. 이러한 사람이 직장인을 위한 영어교육, 그중 호텔 관련 영어교육 콘텐츠를 만든다고 가정해보자. 그렇다면 호텔에서 외국인 고객을 대상으로 하는 서비스와 프로그램을 개발하고, 문화 교류를 촉진하는 데 관심이 있는 사람들을 위한 독보적인 콘텐츠를 만들 수 있는 가능성이 커질 것이다. 같은 영어교육자라도 차별화될 수 있는 것이다. 이렇게 '융합'을 하면 넓게 배울 수 있을 뿐만 아니라, 특정

- Ferriss, T. (2016). Tools of Titans: The Tactics, Routines, and Habits of Billionaires, Icons, and World-Class Performers. Houghton Mifflin Harcourt.

분야에서 자신만의 차별화된 강점을 갖출 수 있다.

　대학에서 융합을 한다고 하면 학과나 전공들을 단순하게 뭉치는 것이라고 생각하는 경우가 있다. 하지만 실제로는 융합을 통해 더욱 다양하고 전문화된 전공이 생긴다. 예를 들어, 스포츠에 디지털 기술을 융합하면 '디지털 스포츠'라는 전공이 만들어지는 것이다. 여기에 다른 것을 융합하면 또 다른 새로운 전공이 생긴다. 직업도 마찬가지로, 융합하여 새로운 직업을 만들 수 있다.

　자신이 좋아하거나 잘하는 것을 융합해서 새로운 분야를 만든다면, 독보적인 위치를 차지할 수 있는 기회도 갖게 된다. 그리고 이러한 독보적인 존재는 쉽게 대체되지 않을 것이다.

　당신만의 독특한 재능과 관심사는 무엇인가? '나'만의 재능과 관심사를 융합하여 새로운 가치를 창출한다면 그것은 어떤 모습일지, '나'는 어떤 분야에서 대체 불가능한 존재가 될 수 있을지 한번 생각해보자.

02

다빈치의 노트에서 찾는
미래 전략

빌 게이츠는 다빈치의 노트를 왜 샀을까?

마이크로소프트MS, Microsoft의 창립자 빌 게이츠Bill Gates가 1994년 한 경매에서 레오나르도 다빈치Leonardo da Vinci의 노트 '코덱스 레스터'Codex Leicester를 엄청난 금액에 낙찰받아 화제를 모았다. 다빈치가 쓴 72쪽의 이 노트는 한 사람이 기록했다고 믿기 힘들 만큼 다양한 주제에 대해 빼곡하게 쓴 글과 수백 개의 그림으로 채워져 있다.

다빈치는 잘 알려진 바와 같이 대표적인 융합 인재로서 다양한 분야에서 탁월한 업적을 남겼다. 다빈치의 작업은 예술과 과학, 기술 간의 경계를 허무는 융합적 사고의 힘을 보여준다. 그의 대표적인 작품인 〈모나리자〉의 경우만 봐도 미술 작품에 과학적 원리와 기술이 적용되어 있다. 예를 들면, 광학과 조명의 원리를 활용하여 입체감과 깊이를 표현했으며, 그림 속에 깊이감과 공간감을 불어넣는 기술을 사용하기도 했다. 이외에도 해부학적 지식을 바탕으로 모나리자의 포즈와 손의 위치, 얼굴 표정 등이 실제 인간의 자연스러운 모습을 정확하게 반영하도록 했다. 많은 융합 프로그램이나 교육과정에서 다빈치의 이름을 사용하는 것만 봐도 오늘날까지 이어지는 그의 영향력을 쉽게 알 수 있다.

 빌 게이츠가 다빈치의 노트를 엄청난 돈을 주고 산 이유 중 하나는 그의 융합적 역량을 배우고 싶기 때문이었을 것이다. 이 노트에는 여러 아이디어가 기록되어 있어서 다빈치가 이를 바탕으로 융합하고 깊이 사색하여 창의적인 아이디어를 창출했다는 것을 알 수 있다. 그는 과학·예술·기술 등 다양한 분야에서 혁신적인 아이디어를 결합하여 새로운 가치를 창출했다. 다빈치의 메모는 단순한 기록을 넘어, 다양한 생각과 아이디어가 서로 연결되도록 하는 방식이었다. 빌 게이츠는 이러한 다빈치의 노트를 통해 자신의 업무와 삶에 필요한 영감을 받고 전략을 세우고 싶었던 것이 아니었을까?

미래의 복잡한 문제를 해결하기 위해서는 융합이 필요하다

레오나르도 다빈치의 노트를 산 빌 게이츠는 다빈치와는 다른 시대에 살고 있지만, IT·교육·보건·인문 등 다양한 분야에 대한 깊은 이해와 관심을 가지고 융합을 실천하는 인물이다. 그는 자신이 읽은 책이나 다양한 주제에 대한 생각을 공유하는 개인 블로그이자 웹사이트인 게이츠노트 www.gatesnotes.com를 운영하고 있다. 게이츠노트를 보면 빌 게이츠도 기술이나 교육 등의 융합을 통해 사회적 문제를 해결하고자 한다는 것을 알 수 있다.

대표적인 융합 인재 중 한 명인 알버트 아인슈타인Albert Einstein의 노트도 특이하다. 아인슈타인은 노트를 쓸 때 나뭇가지 모양의 다이어그램을 그렸다. 나뭇가지 위에 여러 단어들을 적고, 이 단어들을 한데 묶어보는 놀이를 했다. 그는 기존의 개념들을 새로운 방식으로 조합하여 새로운 것을 만들어냈다. 아인슈타인은 이 놀이를 '조합 놀이'라고 불렀다.

1992년 우주를 방문한 최초의 아프리카계 미국인 여성 메이 제미슨Mae Jemison도 대표적인 융합 인재다. 레고에서는 그녀의 업적을 인정하여 'NASA의 여성 우주비행사'Women of NASA 미니 피규어 세트에 우주복을 입은 메이 제미슨을 포함하기도 했다. 레고 조각을 조합하여 무언가를 만드는 것과 제미슨의 융합적 사고는 매우 잘 어울린다.

제미슨은 NASA의 우주비행사이자 의사, 공학자로 활동했으며, TED 강연으로도 유명하다. 2002년 TED 강연에서 그녀는 예술과 과학이 분리되어 있지 않다는 메시지를 전달하며, 교육자들이 '예술과 과학', '직관과 논리'를 학생들에게 함께 가르쳐야 한다고 주장했다. 이러한 접근 방식을 통해 학생들이 더욱 복잡하고 연결된 세계에서 살아갈 준비를 할 수 있다고 강조했다. 그래야 앞으로 직면할 다양한 문제에 대해 통합적·창의적으로 사고하고 문제를 해결할 수 있다는 것이다.

이제는 많이 변화하고 있지만 한때는 우리나라도 문과, 이과, 예체능을 철저히 구분하던 시절이 있었다. 서로가 완전히 다르다고 생각해 유머로 만든 표현들도 많았다. 그러나 현대 사회는 점점 더 복잡해지고 있으며, 한 분야의 지식만으로는 미래의 다양한 문제를 해결하기에 부족하다. 특히, AI와 다른 분야를 융합하는 것이 대세인데, AI를 잘 활용하기 위해서도 다양한 학문과의 융합이 필요하다. 이제부터 우리는 다빈치처럼 그리고 여러 융합 인재들처럼 다양한 분야의 지식을 융합하는 능력을 길러 미래의 복잡한 문제를 해결하고, 새로운 기회를 발견해야 할 것이다.

다빈치처럼 기록하고 융합하여 문제해결 놀이를 해보자

다빈치처럼 자신만의 노트를 써본다면, 단순한 기록을 넘어서 융합적 사고와 창의적 아이디어를 키우는 데 큰 도움이 될 것이다. 그처럼 자신의 생각과 아이디어를 기록하고, 이를 바탕으로 사색하며 연결시키는 과정을 통해 이러한 역량을 키워보자.

 디지털 노트든, 전통적인 종이 노트든, 자신이 가장 편하게 사용할 수 있는 형태를 선택하자. 기록 방법도 텍스트, 스케치, 맵핑 기법 등 무엇이든 상관없다. 일상에서 만나는 자연 현상, 기술, 사람들의 행동 등을 세밀하게 관찰하여 써보자. 오늘 배운 것, 읽은 것에 대해 써봐도 좋다. 자신이 생각한 것을 쓰면 더 좋다. 관찰한 정보, 읽은 내용, 학습한 지식을 기록하고 이 과정에서 자연스럽게 서로 다른 아이디어가 결합되는 융합적 사고를 길러보자.

인터넷에서는 당신이 검색하고, 클릭하고, 구매한 모든 것이 데이터화되어 당신이 어떤 사람인지, 무엇을 좋아하는지 파악할 수 있다. 하지만 정작 당신이 생각하는 것, 경험하는 것이 모두 사라져버린다면 너무 아깝지 않을까? 인터넷에 남겨지는 데이터와는 달리, 당신의 노트에 기록된 내용은 AI가 알고 있는 것과 차별화되는 당신만의 고유한 데이터가 될 수 있다. 당신의 생각과 경험, 아이디어를 기록해서 자신만의 고유한 데이터베이스를 만들어보자. 이 노트는 단순한 기록을 넘어서, 당신의 성찰과 융합적 사고를 돕는 강력한 도구가 될 것이다.

노트의 내용을 조합해보면 자신이 얼마나 특별한 존재인지도 알 수 있을 것이다. 자신이 잘하는 것들을 조합해서 미래의 복잡한 문제를 해결하거나 독보적인 가치를 창출해보자.

문제해결 놀이를 통해 실제 문제해결에 적용해보는 것은 어떨까? 예를 들어, 매주 하나씩 자신의 일상적인 문제나 사회적 이슈를 선택하고, 노트에 기록된 다양한 분야의 지식과 아이디어를 활용하여 해결책을 찾아보자. 이 과정에서 예상치 못한 연결고리를 발견하고, 혁신적인 해결책을 도출할 수 있을 것이다.

당신의 노트는 단순한 기록물이 아니라, 미래의 자신을 만들어가는 중요한 자산이 될 수도 있다. 이 노트를 통해 자신의 생각과 경험을 정리하고, 융합하여 새로운 아이디어를 창출하며, 자신만의 독보적인 가치를 만들어가는 과정을 즐겨보자. 그리고 이를 바탕으로 한 문제해결 놀이를 통해 당신의 융합적 사고를 실제 세계에 적용하는 경험을 쌓아가자.

당신의 '노트'에 가장 먼저 쓸 내용은 무엇인가? 아이들과 함께 써보는 것은 어떨까?

03
빅블러 시대, 융합으로 기회를 만들자

빅블러 시대에는 경계와 한계가 사라진다

얼마 전 한 방송을 통해 포레스텔라와 라포엠 같은 크로스오버crossover 음악 그룹의 인기가 높아졌다. 크로스오버 음악은 다양한 장르의 음악적 요소를 결합해 새로운 음악을 보여준다. 서로 다른 음악 장르 간의 경계를 허물어 새롭게 해석한다. 높은 수준의 음악과 저급 수준의 음악을 차별하지도 않는다. 따라서 표현이 더 넓어지고 더욱 창의적인 작업이 가능하게 된다.

 당연히 산업에서도 융화나 융합이 대세이다. 빅블러 시대에는 기술의 발달과 디지털화의 가속으로 산업 경계와 기업 경계가 모호해진다. 새로운 비즈니스 모델과 생태계가 형성된다. 기존의 산업 구분이 무의미해지고, 융합과 협력이 강조된다. 예를 들어, 이미 핀테크로 금융 서비스와 기술이 융합되어 경계가 모호해졌다. 온라인 서점으로 시작한 아마존이 클라우드 컴퓨팅과 AI, 스트리밍 서비스, 전자상거래 등 다양한 분야에서 혁신을 주도하고 있다. 교육도 예외는 아니다. 기업들은 필요한 인재를 양성하기 위해 직접 교육을 하고 있다. 이외에도 소비자와 기업의 경계가 사라지기도 한다. 서로 다르다고 생각했던 것들이 섞이고 있다. 앞으로는 어떤 경계가 또 사라질지 모른다. 그리고 넘지 못했던 경계 때문에 생긴 한계가 없어질 수도 있다. 새로운 기회가 기다리고 있다.

융합력으로 성공 스토리를 만들어보자

오늘날 융합인재라고 하면 인문학과 기술의 융합으로 유명한 스티브 잡스Steve Jobs와 경제학과 물리학을 공부한 일론 머스크Elon Musk를 들 수 있을 것이다.

어떤 사람들은 잡스는 이미 세상에 있는 것을 융합하여 새로운 것을 만든 반면, 머스크는 자율주행 자동차나 우주

항공 기술 등 새로운 기술을 개발한 것에서 차이가 있다고 말한다. 그런데 사실 머스크도 여러 분야에 걸쳐 기술과 산업의 경계를 허물고 다양한 분야를 융합하여 혁신을 이끌어내고 있다는 점에서 다르지 않다.

AI와 교통이 융합된 테슬라의 자율주행 시스템이 한 예이다. 오토파일럿autopilot은 자동차가 도로 상황을 인식하여 운전자가 편하고 안전하게 운전하는 것을 돕는다. 차량에 달린 여러 개의 카메라가 인식한 영상 데이터를 AI가 분석하고, 머신러닝을 통해 지속적으로 개선한다. 이렇게 다양한 기술을 자동차에 적용했다.

머스크는 인터넷, 정보통신 기술과 항공우주 기술도 융합했다. 스페이스XSpaceX의 스타링크Starlink 프로젝트는 수만 개의 저궤도 소형 위성을 지구 전역에 배치하여 전 세계 어디서나 초고속 인터넷 접속이 가능한 서비스망을 구축하려는 목표를 가지고 있다.

그럼 머스크나 잡스와 같은 사람들만 융합을 할 수 있는 것일까? 우리 주위에서도 융합을 해서 성공한 사례를 쉽게 찾아볼 수 있다.

지역 기반 중고 거래 플랫폼으로 잘 알려진 당근마켓에서도 다양한 융합 요소를 발견할 수 있다. 당근마켓은 모바일 앱 기술과 위치기반 서비스를 결합하여 사용자 근처 커뮤니티에서 중고거래가 가능하도록 했고, 사진 업로드와 실시간 채팅 등의 기능을 활용해 온라인과 오프라인 거래를 연계했다. 또한 새로운 비즈니스 모델을 융합하였으며 사용자경험ux과 다양한 콘텐츠를 제공한다.

전통 음식인 떡을 만드는 사람들도 달라졌다. 예전에는 떡만 잘 만들면 인정받고 장사도 잘되었기 때문에 떡 만드는 기술을 발전시키는 데 전념했다. 그러나 이제는 좀 더 예쁘게 만들 수 있도록 디자인과 패키징을 배우고 SNS나 온라인에서 판매하는 법을 배워서 더 큰 수익을 내는 경우가 많다.

전통적인 패션 산업에서 일하던 디자이너가 패션과 기술의 융합을 통해 새로운 가능성을 만들어내는 경우도 있다. 예를 들면, 다양한 분야의 전문가들과 협력하여 웨어러블 기술과 지속가능한 소재를 바탕으로 사용자의 건강을 모니터링하면서도 스타일리시한 옷을 제공하는 경우다. 지속가능한 패션과 기술의 융합이라는 새로운 트렌드를 선도하기도 한다. 다른 산업이 지속가능성과 디지털 마케팅, 온라인 커머스로 빠르게 변화하고 있는데 이러한 변화에 적응하기 위한 융합을 시도하지 않는다면 시장에서 점점 경쟁력을 잃을 수도 있을 것이라는 위기감에서 다양한 시도들을 하고 있다.

다양한 분야의 지식을 융합해 새로운 가치를 창출하고 취업 시장에서 성공으로 이어지는 경우도 자주 볼 수 있다. 대표적으로 대학에서 컴퓨터 공학을 전공하면서 디자인과 인문학에 관심을 가지거나 복수 전공을 하는 경우다. 졸업 후 IT 기업의 UX/UI 디자이너 포지션에 지원하게 된다. 면접에서는 기술과 디자인을 결합한 포트폴리오를 보여주게 되고, 이러한 융합적 접근 방식으로 취업에 성공하여 새로운 경력의 문을 열게 된다.

이 융합이 일시적인 유행일까? 다빈치의 사례나 아인슈타인의 조합놀이처럼 아주 예전부터 인류는 융합을 하고 있었다. 15세기 중세 이탈리아의 메디치 가문이 다양한 분야 전문가들의 역량을 융합하면서 시너지를 만들어낸 메디치 효과도 있었다. 대학에서도 융합 교육이나 학제간 연구 등은 지속적으로 진행되고 있었다. 그리고 앞으로도 융합은 계속될 것이다. 아니 점점 더 많이 필요해질 것이다.

당신은 빅블러의 시대에 어떤 것의 경계와 한계를 없애고 싶고, 무엇을 융합해볼 수 있을지 생각해보자.

04

해외 교육 트렌드와
성공하는 융합 교육

AI 시대에 필요한 교육에 주목하자

최근 우리나라는 소위 '의대 열풍'이 불고 있다. 의사라는 직업은 가치 있지만, 단순히 안정적인 직업을 원해서 의대를 선택한다면, 빠르게 변화하고 있는 미래를 생각할 때 다시 한 번 고민해봐야 한다. 더욱이 의대 진학을 목표로 단순 암기와 문제 풀이 위주의 학습 방식에 매달리고 있다면, 우리는 교육의 혁신적인 접근 방식들을 주목할 필요가 있다.

영어교육의 예를 들면, 보통은 영어를 가르칠 때 텍스트 읽기와 문제 풀이를 많이 시킨다. 하지만 보다 앞선 교육 방식을 채택하는 경우에는 다른 경향을 보인다. 영어 학습과 문화를 융합하여 문화적 맥락과 연결하거나, 비판적 사고를 자극하는 토론으로 확장하는 방식을 주로 적용한다. 또한 창의적인 활동과 연계하여 영어를 실제 상황에서 자연스럽게 사용할 수 있는 능력을 키운다. 이런 방식은 아이들의 흥미를 지속시키고, 언어를 보다 효과적으로 습득하게 한다.

심지어 이제는 AI가 문제도 생성해주고 평가, 피드백도 해준다. 그러면 영어 과외나 학원에서는 무엇을 해야 할까? 대량 생산 제품이 아닌 수공으로 소량 생산하는 제품이 더 비싼 것과 같이 인간만이 할 수 있는 영어교육을 해야 하지 않을까? 인간만이 할 수 있는 역량을 영어교육과 접목해 가르치면서 AI 교사와 차별화해야 하지 않을까?

이런 혁신적 교육 방법은 영어교육뿐 아니라 AI 시대를 대비하는 교육에서도 나타나고 있다. 전 세계적으로 변화가 일어날 때 그 변화에 가장 먼저 반응하고 움직이는 것은 교육이기 때문이다.

미국 실리콘밸리의 기술 기업들이나 아이비리그 대학들과 같은 선도적인 기관들은 이미 AI 시대에 필요한 교육을 적극적으로 도입하고 있다. 이들은 단순한 기술 습득을 넘어 AI와 협업할 수 있는 능력을 중점적으로 가르친다.

핀란드의 알토 대학교Aalto University는 변화하는 시대에 맞춰 선제적으로 교육 방식을 혁신했다. 경제, 기술, 예술 분야의 융합을 통해 학생들이 다양한 분야의 지식을 통합하여 창의적인 문제해결 능력을 기를 수 있도록 한 것이다.

미국의 미네르바 대학교Minerva University도 혁신적인 교육 모델로 잘 알려져 있다. 실시간 온라인 수업으로 수업이 진행되기 때문에 전통적인 대학 캠퍼스 모델을 벗어나 전 세계 여러 도시에서 학습을 할 수 있다. 샌프란시스코, 뉴욕, 런던, 베를린, 부에노스아이레스, 타이베이 등 전 세계 여러 도시에서 생활하고 학습한다. 강의식 수업 대신 활동적 학습active learning을 기반으로 하고 학생들의 융합 역량이나 창의적 문제해결 역량을 강화할 수 있다.

대학 간 서열이 없다고 할 수 있는 독일도 비교적 일찍부터 유연한 학제 구조와 다양한 교육과정을 통해 융합 교육을 실현하고 있다. 구조를 보면, 학과 중심의 경직된 구조에서 벗어나 더 넓은 범주의 학부제Fakultäten와 클러스터 시스템Cluster System을 도입해 학문 간 경계를 유연하게 만든다. 이외에도 학제간 센터로 다양한 분야의 협력 연구와 교육을 지원하고 있다. 교육과정을 보면 복수 전공과 부전공 제도는 물론, 모듈식 커리큘럼을 확대해 학생들의 학습 선택권을 넓혔다. 지정된 학과 교육과정이 없이 학생들이 강의나 세미나 강좌를 선택할 수 있다는 장점도 있다. 수업의 경우 프로젝트 기반 학습과 문제해결 중심 수업을 강화하여 실제적인 융합 능력을 기르는 데 중점을 둔다. 이 외에도 산학 협력 프로그램을 더욱 활성화하여 학문적 지식과 실무적 경험을 균형 있게 제공하고 있다.

최근 스위스 비영리 교육 재단인 IBO International Baccalaureate Organization에서 개발·운영하는 '국제 바칼로레아' IB, International Bacalaureat에 대한 관심도 커지고 있다. AI 시대에 필요한 인재를 양성하기 위해 융합 역량과 창의적 문제해결 역량을 길러줄 수 있는 IB 교육으로 전환하고 있는 학교들도 많아지는 추세다. 최근 우리나라에서도 몇몇 외국인학교와 국제학교, 자사고 그리고 일반 고등학교에서 운영을 하고 있고 빠르게 확대되고 있다. IB 교육은 학생들이 과학·기술·예술·인문학 등 다양한 분야의 지식과 기술을 융합하고, 창의적이고 비판적인 사고를 통해 복잡한 문제해결 능력을 배양하는 데 중점을 둔다. 이를 통해 학생들이 빠르게 변화하는 시대에 적응하고 사회에 긍정적으로 기여할 수 있는 역량을 갖추는 것을 목표로 한다.

이러한 전 세계 교육의 변화를 이해한다면, 자신이나 자녀가 무엇을 준비해야 할지 알 수 있을 것이다. 물론 컨설팅과 같은 전문적인 조언이 도움이 될 수 있지만, 교육 트렌드를 스스로 이해하고 비판적으로 수용하는 능력을 기르는 것이 장기적으로 더 중요하다.

융합을 문제해결과 연결하는 교육

해외의 많은 대학들은 융합 교육에 큰 관심을 갖고 있다. 미국의 매사추세츠 공과 대학교MIT는 전자 및 컴퓨터 공학부와 경제학부를 융합한 융합 전공 제도를 운영하고 있다. 다양한 분야를 통합하여 연구를 수행하고 있는 MIT 미디어랩Media Lab도 잘 알려져 있다.

학생들이 디자인적 사고, 즉 디자인 씽킹design thinking을 기반으로, 공학·비즈니스·교육·의학 등 다양한 분야의 지식을 융합하여 창의적으로 실제 사회 문제를 해결할 수 있도록 하고 있는 스탠포드 대학교의 d.schoolHasso Plattner Institute of Design도 주목할 만하다. 또한 스탠포드 대학교의 인간 중심 AI 연구소HAI, Human-Centered Artificial Intelligence는 AI 기술이 사회에 미치는 영향을 연구하고, 인간 중심의 AI

개발을 목표로 한다. HAI는 인문학·사회과학·법학 등 다양한 학문과 AI 기술을 융합하여 AI 기술을 통해 사회 문제를 해결할 수 있는 인재를 양성하고자 한다.

국립 싱가포르 대학교NUS 탄엥체Tan Eng Chye 총장은 "학문 간 융합을 꾀하는 데 중점을 두고 있으며 기본적으로 다학제간 교육을 학생들에게 지속적으로 노출하고자 한다"고 하였다. 실제로 NUS는 에너지 효율, 환경 친화, 기후 변화를 종합적으로 고려한 싱가포르 최초의 탄소 배출 제로 에너지 빌딩을 건립해 운영하고 있는데 이것은 융합의 성과 중 하나라고 할 수 있다.

'작지만 강한 대학'으로 알려진 올린 공과 대학교Franklin W. Olin College of Engineering의 경우에는 현장 중심 프로젝트를 통해 아이디어를 모아 문제를 해결한다. 학과는 나뉘어 있지 않고 전공으로만 나뉘며, 그 안에서 융합 교육이 진행되고 여러 전공 교수가 공동으로 가르치는 수업들도 많다.

이미 국내에서도 알려진 뉴텍 고등학교는 프로젝트 또는 문제 기반 교수 모델을 적용하는 수업으로 유명하다. 프로젝트형 수업을 위해서는 두 과목 이상을 융합하도록 하고 있다.

이처럼 최근 교육이 어떻게 변화하고 있는지를 들여다보

자. 융합 교육을 하고 있다면 어떤 목적으로 하는지 어떤 방법으로 하는지도 알아야 한다. 융합 역량을 기르는 것은 단순히 여러 분야의 지식을 습득하는 것을 넘어 다양한 분야의 지식을 통합하여 창의적이고 혁신적인 문제해결 능력을 기르는 데 있다. 이는 학생들이 미래의 복잡한 문제를 창의적으로 해결할 수 있도록 준비시키기 위한 것이다. 진정한 융합 교육을 실현하기 위해서는 새로운 가치 창출을 지향하는 교육이 필요하며, 이것이 바로 융합 교육의 성공을 결정하는 중요한 요소가 될 것이다.

표면적 융합 교육이 아닌 실질적 교육 혁신으로

해외 대학과 교육 기관만이 아닌 우리나라에서도 '창의'라는 용어와 함께 '창의 융합 교육'을 강조해왔다. 앞으로는 언어·관습·학과를 포함한 여러 벽이 무너질 거라고 전망하는 전문가들도 많아지고 있다. 최근 우리나라의 대학에서 유행이 되고 있는 것 중 하나도 '벽 허물기'다. 대학들에서 무無학과, 무無학년제, 대학 간 통합 등의 혁신적인 시도가 이루어지고 있다. 전공의 벽은 물론 독일의 대학과 같이 학년의 벽을 없애는 시도를 하기도 한다. 학교, 산업체, 지역 사회의 벽, 교과, 비교과와 현장의 벽도 허물고자 한다.

많은 대학에서 복수 전공, 융합 전공, 연계 전공 외에도 다양한 형태의 융합 교육 프로그램을 운영하고 있다. 대학 입학을 위한 자기소개서나 면접에서 융합 역량을 평가하고, 대부분 대학의 인재상에 융합 인재를 포함하고 있다.

우리나라 교육부는 '융합 전공제 도입', '전공 선택제 허용', '소단위 학위 과정 마이크로디그리·나노디그리 제도화', '융합 교육 종합 계획'을 포함한 융합형 인재 양성을 위한 다양한 노력을 해왔다.

수업에서도 융합이 이루어지고 있다. 예를 들어, 영어교육과 수업에서 AI 기술을 융합하여 가르치는 방식을 들 수 있다. 학생들은 AI를 활용한 영어교육 방법을 배우고 AI를 보조 교사나 튜터로 활용하는 방법을 익힌다.

초·중·고등학교도에서도 예외는 아니다. 교육과정에서도 융합 역량을 강조하고 있으며, 과학Science·기술Technology·공학Engineering·예술Arts·수학Mathematics 통합 교육인 STEAM 교육을 포함하여, 최근에는 다양한 과목의 융합 교육을 실시하고 있다. 또한 국어의 비문학 문제에 과학을 융합하는 등 교과 융합도 이루어지고 있다.

이처럼 융합 교육은 국내외에서 확장되고 있다. 벽을 허물고 다양한 분야의 지식을 통합하여 창의적이고 혁신적인 문제해결력을 강화하고자 한다. 그러나 이러한 변화 속에서도 여전히 과제는 남아 있다. 일부에서는 표면적인 융합 교육에 그치는 경우가 있어, 실질적인 교육 효과나 학생들의 융합 역량 강화에 한계를 보이기도 한다. 형태만 변형하여 융합 교과나 융합 전공으로 명칭만 붙이는 경우도 있다. 단순히 표면적인 융합 교육이 아니라, 융합의 취지를 정확히 이해하고 실질적인 교육 효과를 얻을 수 있는 제대로 된 융합 교육이 이루어져야 한다.

진정한 융합 교육을 위해서는 단순히 프로그램을 도입하는 것을 넘어 융합의 본질을 이해하고 실질적인 교육 효과를 얻을 수 있는 방식으로 접근해야 한다. 미래의 복잡한 문제를 해결하고 새로운 가치를 창출하는 데 초점을 맞춘 융합 교육이 필요하다. 융합으로 새로운 전공을 만들거나 창직을 할 수 있는 능력도 길러주어야 한다. 독보적인 인재를 양성할 수 있어야 한다.

예를 들어, 학생들이 자신의 관심사와 미래 비전에 맞춰 독창적이고 융합적인 학습 경로를 마치 모듈형 가구 블록을 조립하듯 재미있게 구축할 수 있도록 할 수 있을 것이다. 미래 사회의 복잡한 문제를 해결할 수 있는 새로운 전공을 창의적으로 만들 수도 있을 것이다. 대학은 이를 위해 학생들에게 전문적인 진로 상담과 지도를 제공하고, 다양한 학과나 전공과의 협력을 지원하며, 실무 경험을 쌓을 수 있는 기회를 제공해야 할 것이다. 학생들은 실질적인 지원을 통해 자신만의 독특한 전문성을 개발하고, 독보적인 인재로 성장할 수 있을 것이다.

 교육 기관만의 노력으로는 충분하지 않다. 개인, 조직, 학부모 모두가 융합 교육의 필요성을 인식하고, 그 가치를 이해하며, 적극적으로 협력하는 인식의 전환이 필요하다. 이를 통해 우리는 진정한 의미의 융합 교육을 실현하고, 미래 사회가 요구하는, 글로벌 경쟁력이 있는 창의적이고 혁신적인 인재를 양성할 수 있을 것이다.

05

융합에 대한 오해와 진실

융합을 바로 보자

'융합'이라고 하면 어떤 생각이 드는가? 반드시 필요하다는 생각이 드는가? 아니면 융합을 하다 보면 너무 얕게 배우는 것이 아닐까 하는 생각을 하게 되는가?

모든 혁신적 변화와 마찬가지로, 융합에 대해서도 회의적이거나 심지어 반대하는 사람들도 있다. 이런 융합에 대한 반대는 정보의 부족이나 잘못된 융합 경험으로 인한 오해에서 비롯된 경우가 적지 않다.

융합에 대한 사실과 다른 오해는 다행히 교육과 소통을 통해 의외로 쉽게 해결되기도 한다. 융합과 융합 교육을 어렵게 하는 세 가지 흔한 오해와 진실을 살펴보자.

오해 1. "융합은 전문성을 약화시킨다?"

융합을 하다 보면 깊이 있는 전문 지식을 배울 수 없고, 결과적으로 전문성이 약화될 수 있다고 우려하는 사람들이 있다. 이들은 융합을 통해 얻는 지식이 너무 얕고 광범위하게 확장될 위험이 있으며, 전문 분야에 대한 정체성을 혼란스럽게 할 수도 있다고 생각한다.

진실 융합은 전문성을 바탕으로 다른 분야와 연결을 하는 것이다. 다양한 분야와의 협업 과정에서 새로운 시각으로 전문성이 더 깊어질 수 있다. 특히 새로운 가치를 창출하고 여러 분야의 교집합에 대해 전문성을 강화할 수도 있다. 최근 자주 언급되고 있는 파이형 인재의 경우도 두 가지 분야에서 깊은 전문 지식을 가진 사람을 말한다. 'π(파이)' 글자에서 두 개의 세로축은 깊은 지식을 나타낸다. 단순히 얕고 넓은 지식을 가지고 있는 것을 의미하지 않는다. 융합은 개별 학문의 고유한 특성을 무시하는 것이 아니고 오히려 그 특성들을 조합해 새로운 가치를 창출하는 과정이다.

오해 2. "융합 자체가 목표다?"

융합이 큰 의미가 없다고 생각하는 사람들 대부분은 융합을 하는 것 자체에 의미를 두고 이것이 최종 목표라고 생각하는 것 같다.

그런가 하면 다양한 분야가 모여 있는 것 그 자체에 융합의 의미가 있다고 여기기도 한다. 예를 들어, 융합 교육 프로그램의 성공을 단순히 여러 학문 분야로 구성되었는지, 즉 다양성 자체로만 평가하는 경우다. 학생들이 융합 프로그램에 얼마나 많이 참여하고 있는지 정량적인 평가를 중요하게 여기기도 한다. 그러나 학생들의 융합 역량을 함양시켜주지 못한다면, 융합을 해서 창출된 가치가 없다면 융합의 형식적인 목표만을 달성한 것이다.

진실 융합의 개념과 관련된 용어는 분야·시대·맥락에 따라 다양하며 앞으로도 계속 진화할 것이다. 융합 관련 용어는 통합의 정도에 따라 인터그레이션Integration과 컨버전스Convergence 등으로 나누거나 좀 더 세밀하게 나누기도 한다. 이 중 학제간Interdisciplinary과 초학제간Trans-disciplinary을 비교해보자.

'학제간'은 여러 학문 분야의 지식과 방법론을 통합하여 특정 문제를 해결하거나 연구하는 학문적 접근을 의미한다. 이는 학문 간의 경계를 넘나들며 다양한 시각에서 문제를 해결하려는 노력이 중심이 된다. 학문 간의 경계를 어느 정도 유지하면서도 협력하여 시너지를 창출한다.

'초학제간'은 기존의 학문적 경계를 초월하여 포괄적이고 혁신적인 해결책을 찾는 접근을 의미한다. 학문 간의 경계를 허물고 새로운 패러다임을 구축한다고 할 수 있다.

중요한 것은 둘 다 서로 다른 분야와 통합함으로써 단순한 결합을 넘어서 새로운 가치를 창출해야 된다는 것이다.

가끔 대학에서 융합 학과를 신설하면서 서로 다른 전공의 교수들로 구성만 하고 진정한 융합을 하지 못하는 경우가 있다. 또한 학생들도 다양한 전공을 공부하지만 융합을 할 수 있는 역량을 기르지 못해 제대로 된 융합을 하지 못하는 경우도 있다.

그러나 융합은 더 큰 목적을 위한 수단이며, 그 자체가 최종 목표가 되어서는 안 된다. 융합을 통해 새로운 혁신적 결과물이나 사회적 가치를 창출하거나 복잡한 문제를 해결해야 한다. 현대 사회의 도전 과제는 대개 단일 분야의 지식만으로는 해결할 수 없고 다양한 분야의 지식과 접근 방식을 결합해야 한다. 융합의 성공을 평가할 때에는 단순히 다양한 분야가 결합되었는지보다는, 그 결과로 얻어진 것에 초점을 맞추어야 할 것이다.

오해 3. "융합은 특정 분야에만 적용된다?"

어떤 사람들은 융합이 과학기술 분야 등 특정 분야에만 필요하다고 생각하기도 한다. 이들은 융합이 주로 STEM 분야에 국한되며, 인문학이나 사회과학과 같은 분야에서는 불가능하거나 융합의 효과가 제한적이라고 생각한다. 실제로 예전에는 융합이 STEM 분야에 국한되어 주로 연구되었던 것도 사실이다. 그러나 이제는 달라지고 있다.

진실 융합은 STEM 분야뿐만 아니라, 인문학·사회과학·심리학·예술 등 다양한 분야에 적용되어 혁신적인 결과를 만들어내고 있다. 보통 종합설계라는 명칭으로 주로 공학 전공에서 진행되던 캡스톤 디자인 수업도 최근에는 융합교육 수업의 한 방법으로서 인문사회 전공에서도 적용되고 있다. 이처럼 융합은 특정 분야에만 한정되지 않고, 새로운 지식과 혁신을 창출할 수 있는 광범위한 가능성을 가지고 있다.

융합은 특별한 사람들만 하는 것도 아니다. 집에서 또는 개인이 시도해볼 수도 있다. 운동을 잘하는 사람이 교육도 공부를 했다면 둘을 결합해 온라인 운동 강좌를 열 수도 있다. 예를 들어, 유튜브YouTube 채널을 통해 홈트레이닝 영상을 제공하여 운동을 가르치는 것이다.

　당신도 혹시 융합에 대해 오해하고 있지는 않는가? 융합에 대한 오해는 우리의 잠재력과 성장 가능성을 제한할 수 있다. 융합의 의미와 목적을 제대로 이해하고 실제 비즈니스와 삶에 적용해보자.

06

AI 융합,
두려움을 설렘으로

AI와의 융합을 반대하는 이유

융합의 중요성이 강조되는 현대 사회에서 가장 주목받는 것 중 하나는 바로 AI와의 융합일 것이다. AI 기술은 거의 모든 산업 분야에 적용되고 있으며, 이는 새로운 도전과 기회를 동시에 제공하고 있다.

따라서 최근 많은 조직에서 AI와의 융합을 시도하지만, 구성원들의 반대에 부딪치는 경우가 있다. 이러한 반응은 단순한 오해에서 비롯된 것이 아니라, 복잡한 요인들이 작용한 결과일 수 있다. AI 융합에 대한 구성원들의 태도를 몇 가지로 분류해볼 수 있다. 첫째, 새로운 변화에 대한 불확실성과 우려가 있다. 둘째, 익숙한 방식을 선호하는 경향이 있다. 셋째, 자신의 역할과 전문성의 변화에 대한 고민이 있을 수 있다.

예를 들어, 한 회사에서 20년 넘게 일해온 경험 많은 엔지니어가 있다. 그는 자신의 분야에서 인정받는 전문가로서, 그동안의 경험과 지식을 통해 문제들을 해결해왔다. 최근 회사는 AI 기술을 도입하고 새로운 접근 방법을 적용하여 경쟁력을 강화하려고 한다. 이 엔지니어는 AI 도입에 대해 신중한 입장을 취하고 있다. 그는 AI 융합의 장기적 영향에 대해 질문을 제기하고 여러 이유로 반대하기도 한다.

이 엔지니어가 AI 융합에 대해 신중한 태도를 보이는 이유는 다양할 수 있다. 현재의 방식에서 벗어난 새로운 시도는 신중하게 접근해야 할 요소이기도 하다. 따라서 그는 AI 융합의 장단점을 면밀히 분석하여 잠재적인 이점과 함께 일어날 가능성이 있는 문제에도 주의를 기울이는 것이다.

융합을 위해 AI 기술과 접근 방식을 이해하기 위해서는 학습과 적응도 필요하다. 오랫동안 특정 분야에 전념해온 사람들이 새로운 것을 배우고 적응하는 과정에서 다양한 감정을 경험할 수 있다. 특히 그가 현재의 위치에 오르기까지의 노력과 시간을 고려할 때, 새로운 분야를 배우는 것에 대해서 고민할 수 있다.

변화에 대한 반대의 심리적 원인

인간은 안정성과 예측 가능성을 중요하게 여기며, 새로운 패러다임이나 변화는 안정감에 영향을 줄 수 있다. 또한 편안함과 익숙함을 추구하는 경향이 있다. 융합과 같은 새로운 도전에 대한 다양한 반응은 심리학적 이유로 설명될 수 있다.

현상 유지 편향 Status Quo Bias 자신의 현재 상태를 유지하는 것을 선호하는 경향을 의미한다. 이는 불확실성에 대한 우려와 변화가 가져올 수 있는 영향을 고려하는 심리적 기제에서 비롯된다.

인지 부조화 Cognitive Dissonance 사람들은 자신의 신념, 지식, 경험 사이에 일관성을 유지하려는 경향이 있다. 새로운 변화가 이러한 일관성에 영향을 주면 불편함을 느끼고, 이를 해소하기 위해 변화에 신중하게 접근할 수 있다.

손실 회피 Loss Aversion　사람들은 손실이 이익보다 감정에 더 큰 영향을 미친다. 즉 똑같은 가치를 지닌 손실과 이익이 주어졌을 때, 사람들은 손실을 피하는 것을 이익을 얻는 것보다 더 중요하게 여기는 경향이 있다. 이러한 이유로 변화나 융합이 가져올 수 있는 영향을 신중히 고려하게 된다.

변화에 대한 두려움을 설렘으로

이처럼 사람들이 AI 융합과 같은 변화에 대해 다양한 반응을 보이는 것은 자연스러운 현상이다. 이러한 반응의 원인을 인식하고 적절히 대응하는 것이 중요하다. 변화 과정에서 느끼는 다양한 감정을 인정하고, 이를 새로운 기회로 재해석해보는 것도 도움이 될 수 있다. 새로운 기술을 배우거나 다른 분야의 지식을 융합하는 과정에서 느끼는 불안감을 새로운 것을 배우고 성장할 수 있는 기회로 바라볼 수 있다. 두려움과 불안감을 새로운 것을 배우고 성장할 수 있는 설렘으로 재해석해보자.

세상이 변화하는 속도는 빠르지만 개인마다 변화에 적응하는 속도는 다르다. 자신의 페이스를 고려하되, 변화를 받아들여보자. 새로운 시도를 할 때마다 작은 성취를 기록하고, 그 과정에서 얻은 경험을 긍정적으로 평가하면서 자신감을 키워나가는 것도 좋은 방법이다.

혁신을 추구하는 조직이라면 구성원들의 다양한 반응을 이해하고 존중해야 한다. 변화의 이유, 목표, 기대 효과 등을 구성원들에게 명확하게 설명하고, 변화 과정에 구성원들이 적극적으로 참여할 수 있는 기회를 제공하는 것이 중요하다. 변화에 필요한 새로운 기술이나 지식을 습득할 수 있도록 교육 및 재교육 프로그램을 제공하고, 변화 과정에서 직무 전환이나 새로운 프로젝트 참여 등 구성원들의 직무 안정성을 보장하는 것도 필요하다.

조직원들의 다양한 반응을 이해하고 존중하며, 변화의 긍정적인 측면을 함께 발견해나가면서, 두려움을 설렘으로 바꾸어줄 필요가 있다. 이러한 과정을 통해 개인과 조직 모두가 성장하고 발전할 수 있는 기회를 만들어갈 수 있을 것이다.

당신은 혹시 변화에 대한 두려움으로 인해 새로운 기회를 놓치고 있지는 않은가? 누구든 변화가 일어나기 시작하면 처음에는 두려움을 느끼기 마련이다. 하지만 변화를 위협이 아닌 성장의 촉매제로 바라본다면 이러한 관점의 전환이 당신의 미래에 새로운 가능성의 문을 열어줄 것이다.

07

파이형 인재,
M자형 인재 되기

미래에는 파이형 인재, M자형 인재가 필요하다

융합적 사고와 다학제적 접근이 중시되면서, 인재와 관련해 과거 I형 인재와 차별화되는 T자형 인재, 파이형 인재와 M자형 인재가 자주 언급되고 있다.

먼저, I형 인재는 한 분야에 깊이 있는 전문 지식을 가진 사람으로, 산업화 시대의 전형적인 인재상이다. 전공 분야에 대해서는 깊은 지식을 갖고 있는 데 비해 다른 분야에 대한 지식이나 경험이 부족해서 다른 분야와의 협업에 어려움을 겪을 수도 있다.

통합을 통해 새로운 가치를 창출하는 능력이 중요해짐

에 따라 등장하게 된 T자형 인재는 한 분야에서 깊은 전문 지식(알파벳 T의 세로축)을 가지면서도 다른 분야에 대한 폭넓은 이해와 관심(알파벳 T의 가로축)이 있는 사람이다. 다학제적 협업이 가능하기도 하다.

T자형 인재의 역량만으로는 현대 사회의 복잡한 문제들을 해결하는 데 한계가 있을 수 있다는 의견이 제기되면서 파이형 인재와 M자형 인재가 등장하게 되었다.

파이형 인재는 앞에서 언급한 바와 같이 폭넓은 지식 외 π(파이) 글자에서 두 개의 세로축처럼 두 가지 분야에서 깊이 있는 전문 지식을 가진 사람을 말한다. 예를 들어, 한 사람이 생물학과 화학에서 깊은 지식을 가지고 있다면, 그는 파이형 인재가 될 수 있다. 이렇게 두 개의 분야에서 깊은 지식을 갖추면, 서로 다른 분야의 지식을 융합하여 더 창의적이고 혁신적으로 문제를 해결할 수 있다. M자형 인재는 여러 분야에서 깊은 지식과 기술을 가진 사람을 의미한다.

이처럼 융복합이 가능하고 복합적인 문제를 해결할 수 있는 인재가 인정받는 시대가 오고 있다. 다양한 분야의 지식을 융합하여 독창적이고 혁신적인 해결책을 제시할 수 있는 능력을 갖추는 것이 중요하다. 이러한 인재들은 불확실한 미래에 큰 강점을 가지게 될 것이다.

그럼 어떻게 하면 융합 인재가 될 수 있을까? 어떻게 파이형 인재, M자형 인재가 될 수 있을까?

융합 인재가 되기 위한 4단계를 실천해보자

STEP 1. 융합 마인드셋: 호기심과 개방성 키우기

융합 인재가 되기 위한 첫 번째 단계는 융합 인재의 '태도'를 갖추는 것이다. 이는 단순히 다양한 분야에 대해 아는 것을 넘어서, 호기심과 개방성, 유연한 사고를 가지는 것을 의미한다. 하나의 문제에 접근할 때 다양한 학문의 관점에서 바라보고, 세상을 바라보는 관점을 바꾸는 것이 중요하다. 예를 들어, 환경 문제를 고려할 때 이를 환경학·사회학·경제학·공학·정치학 등 여러 분야의 관점으로 보아야 문제의 다면성을 이해하고, 더 혁신적인 해결책을 도출할 수 있다.

삶의 레벨을 바꾸거나 변화를 위해서는 만나는 사람들이나 자주 가는 공간을 바꾸라는 말을 들어봤을 것이다. 융합을 잘하기 위해서도 다른 분야의 사람들에게 관심을 가지고, 그들과 만나보는 것이 많은 도움이 된다. 액션러닝 수업을 할 때 팀으로 프로젝트를 수행하는데, 이때 팀은 보통 가장 다양한 조합으로 구성되도록 한다. 그래야 가장 좋은 결과물이 나올 가능성이 높기 때문이다. 다른 분야의 사람들을 만나서 다양한 관점에 대해 듣고 다양한 경험을 공유하다 보면 융합에 대한 좋은 아이디어가 떠오를 것이다.

융합 롤모델을 만드는 것도 도움이 된다. 자신이 관심 있는 분야, 자신이 잘하는 분야의 롤모델들을 모아서 자신만의 융합 롤모델을 만들어보자. 예를 들어, 스티브 잡스와 레오나르도 다빈치를 융합하여 롤모델로 삼고 그들의 융합적 사고와 접근 방식을 연구해보는 것이다. 롤모델은 유튜브나 책에서 찾거나 주위에서 찾아도 좋다. 이는 단순히 롤모델을 모방하거나 따라 하라는 것이 아니다. 이러한 과정을 거친 후에는 반드시 자신만의 고유성을 살려 새로운 것을 창조해야 한다. 융합은 단순히 여러 분야의 지식을 조합하는 것이 아니라, 그것을 바탕으로 자신만의 독특한 관점과 아이디어를 발전시키는 과정이다. 따라서 롤모델에게서 배운 것을 기반으로 하되, 자신의 경험, 통찰, 창의성을 더해 독창적인 융합을 이뤄내는 것이 중요하다.

STEP 2. 융합의 탐험: 새로운 분야 탐험하기

융합 인재의 태도를 갖추었다면 이제 다음 단계는 전공 분야와 융합할 분야, 기술을 익히거나 지식을 쌓을 분야를 탐색하는 것이다. 이는 현재의 전공이나 업무에 만족하지 않고, 더 넓은 시각으로 세상을 바라보며 다양한 분야에 대한 지식을 습득하고 이를 융합하는 과정을 의미한다.

먼저, 자신이 관심 있는 분야를 탐색한다. 이는 단순히 학문적인 것에 국한되지 않고, 개인적인 취미나 평소 궁금해했던 분야도 포함된다. 자신의 목표 달성을 위해 필요한 요소들을 파악하고, 어떤 분야들을 융합하면 시너지 효과를 낼 수 있을지를 탐색해보아도 좋다.

학문 간 융합은 생각지도 못한 창의적인 아이디어를 불러일으킬 수 있다. 그러나 처음부터 전문적인 수준까지 공부를 할 필요는 없다. 문제가 풀리지 않을 때나 아이디어가 필요할 때, 다른 분야의 사람들을 만나거나 다른 분야의 콘텐츠를 접하다가 해결책을 찾는 경우가 있다. 이는 다양한 문화적 배경을 가진 사람들과의 대화에서 새로운 시각과 아이디어를 얻을 수 있기 때문이다. 몰입할 수 있는 취미를 갖는 것도 좋다. 자신만의 색을 나타내는 데 도움이 될 것이다. 융합의 과정에서 깊이 있는 전문 지식을 쌓는 것도 중요하지만, 이와 같이 처음에는 기초적인 수준에서 시작하는 것도 충분하다. 이는 새로운 분야에 대한 두려움을 줄이고, 더 넓은 시각으로 문제를 바라보는 능력을 기를 수 있게 한다. 관심이 있으면 점차적으로 레벨업 하면 된다.

STEP 3. 융합을 위한 크로스핏: 다양한 학습 경험 쌓기

자기 주도적 타 분야 학습

세상이 빠르게 변화하고 있다. 작년에 배운 것이 올해는 필요가 없을 수도 있다. 이제는 평생 동안 학습해야 한다. 지식이나 기술을 쌓고 싶은 분야의 책이나 자료를 찾아 읽는 것이 한 방법이 될 수 있다. 서점이나 도서관에 직접 가서 책을 읽을 수도 있고, 인터넷에서 자료를 찾을 수도 있으며 유튜브 등의 영상으로 공부를 할 수도 있다. 예를 들어 요즈음은 어디가 조금만 아프면 영상을 찾아보고, 약을 처방 받으면 이 약이 어디에 먹는 약인지도 알아보는 사람들이 많다고 한다. 농담으로 수술은 직접 하지 말라고 하기도 한다.

 지금 닥친 일을 하기도 너무 바쁜데 공부할 시간이 어디에 있는가라고 하는 사람이 있을 수는 있다. 그런데 5년 후의 나, 10년 후의 나를 위해서 지금 적금 들듯이 하루 30분이라도 타 분야 학습에 투자해보자.

다학제적 교육 프로그램 참여

학위 과정이나 단기 과정을 수강하는 방법도 있다. 코세라, 유데미, 에드X와 같은 온라인 학습 플랫폼을 활용할 수도 있다. 또한 대학생이라면 복수 전공이나 마이크로디그리 이수 외에도 학습 과정에 다양한 분야의 과목을 포함시킬 수도 있다. 예를 들어, 공학 전공 학생이라면 예술이나 인문학 과목을 수강해보는 것이다. 최근 대학에서는 다양한 방식으로 융복합의 기회를 많이 제공하고 있으므로 잘 활용해보자.

네트워킹 및 멘토링

다른 분야의 사람들을 만나는 것도 좋다. 다양한 전문 분야의 사람들과 네트워킹을 통해 새로운 관점과 지식을 배우는 것이다. 학술 회의, 세미나, 워크숍 등에 참여하는 것도 좋지만 다양한 분야 사람들과의 가벼운 만남도 좋다. 스몰톡으로 배우거나 인사이트를 얻는 경우도 많다. 이외에도 다양한 분야에서 경험과 지식을 공유할 수 있는 멘토를 찾아보는 것도 하나의 방법이 될 수 있다. SNS를 활용해도 좋다. 일론 머스크는 오픈AI OpenAI를 창업한 샘 알트만 Sam Altman을 X(트위터)에서 개인 메시지를 보내서 만났을 가능성이 있다는 이야기가 전해지기도 했다. 어떤 만남이 큰 기회로 연결될지는 모른다.

STEP 4. 융합의 현실 구현
: 융합으로 문제를 해결하거나 가치 창출하기

타 분야에 대한 실무 경험과 프로젝트 참여

융합 역량을 기를 때 가장 중요한 단계이다. 융합은 목적이 아닌 수단이다. 융합을 통해 문제를 해결하거나 새로운 가치를 창출해야 한다. 배운 것을 실생활에 적용해봐야 한다. 학교나 지역 커뮤니티 등에서 제공되는 다학제 팀 프로젝트에 참여하거나 자체 프로젝트를 기획해보는 방법도 있다. 실제 문제를 해결하면서 다양한 분야의 지식을 융합하는 경험을 할 수 있게 된다. 또한 다른 분야에서의 인턴십이나 현장 학습을 통해 실무 경험을 쌓는 것도 좋은 방법이다.

배운 내용을 공유하거나 타인 가르치기

융합 인재가 되기 위해 타 분야에 대해 배운 것을 공유하거나 타인에게 가르치는 것 또한 중요한 과정이다. 공유를 하는 것 자체도 의미가 있지만, 다른 사람에게 가르치는 과정 속에서 스스로의 이해를 깊게 하고 융합적 사고력을 강화할 수 있기 때문이다.

최근에는 교수자가 정해져 있다기보다는 서로에게 배우게 되는 기회가 확대되고 있다. 유튜브나 SNS에서 먼저 배운 초보자가 더 초보자를 가르치는 시대라는 말도 있다. 자신이 학습한 내용을 블로그, 유튜브 등 온라인 플랫폼을 통해 공유하여 팔로워들에게 알려줄 수도 있다. 학교나 지역 커뮤니티에서 멘토링 프로그램에 참여하거나, 개인적으로 지인들에게 가르치는 기회를 마련해보는 것도 좋다. 기회가 된다면 학습한 내용을 학술지에 기고하거나 컨퍼런스에서 발표해보자. 전문가들로부터의 피드백을 받을 수 있고, 학문적 네트워크를 확장할 수도 있을 것이다.

융합 아이디어의 사업화 또는 창업

융합을 통해 얻은 지식과 아이디어를 바탕으로 실제 사업 모델을 개발하거나 창업을 시도해볼 수 있다. 예를 들어,

영어와 가상현실 기술을 융합하여 몰입형 영어 학습 플랫폼을 개발할 수 있다. 학습자들이 영어권 국가의 실제 환경을 체험하며 실전 영어를 학습할 수 있는 서비스를 제공하는 것이다. 영어와 AI의 융합으로 개인 맞춤형 AI 영어 튜터 앱을 개발할 수도 있다. 영어와 문화의 융합으로 온라인 플랫폼을 통해 전 세계 학생들이 서로의 문화를 공유하며 영어로 소통할 수 있는 서비스를 만들 수도 있다. 사업화를 하는 과정에서 다양한 실무 경험을 쌓을 수 있으며, 융합의 실질적인 가치를 창출할 수 있을 것이다. 또한 창업 과정에서 다양한 분야의 전문가들과 협업하게 되므로 더 깊이 있는 융합적 사고와 실행 능력을 기를 수 있을 것이다.

이렇게 융합 인재가 되기 위한 STEP 1부터 STEP 4까지의 단계를 직장인, 대학생, 창업가에 적용해본 실제 사례는 다음과 같다.

융합 인재가 되기 위한 4단계 적용 예시_직장인

직장인 B는 한 중소기업에서 마케팅 담당자로 일하고 있는 40대 중반의 직장인이다. 최근 그녀는 뒤처진다는 느낌을 받았고 마케팅 전략을 수립할 때도 창의적인 아이디어가 부족하다고 느꼈다.

STEP 1. 융합 마인드셋: 호기심과 개방성 키우기

B는 자신의 마케팅 지식에만 의존하는 것을 넘어서 새로운 시각을 개발하기로 결심했다. 그녀는 일과 관련된 다양한 문제들을 AI, 심리학, 공학, 환경학, 사회학, 경제학 등 여러 학문의 관점에서 바라보려고 노력했다. 예를 들어, 소비자들의 구매 행동을 분석하기 위해 심리학적인 관점에서 살펴보고, 지속가능한 마케팅 전략을 수립하기 위해서는 환경학적 관점에서도 고려해보려고 애썼다. 단순히 남들의 방식을 모방하는 것이 아니라, 융합을 통해 자신만의 독특한 전문성을 개발하고자 했다. 예전에는 마흔이 넘어서 무슨 새로운 공부를 할 수 있을까 생각했는데 그 생각도 버렸다.

STEP 2. 융합의 탐험: 새로운 영역 탐험하기

B는 자신의 마케팅 전문성을 향상시킬 수 있는 새로운 분야가 무엇이 있을지 탐색하기 시작했다. AI, 데이터 분석, 디자인 씽킹, 심리학 등 마케팅과 시너지를 낼 수 있는 분

야를 찾아보았다. 쉽게 접근할 수 있는 유튜브나 블로그를 통해 관련 지식을 얻으면서 무엇을 배울지에 대한 구체적인 방향을 정했다. B는 다른 마케팅 전문가들의 융합 사례와 타 분야에서의 마케팅 접근 방식을 참고하되, 자신의 강점과 특기를 고려하여 독창적인 융합학습 전략을 수립했다.

STEP 3. 융합을 위한 크로스핏: 다양한 학습 경험 쌓기

B는 데이터 분석 기초 코스를 온라인으로 수료하기로 마음먹고 차근차근 학습해서 수료증을 받았다. 마케팅 데이터를 더욱 효과적으로 분석하고 해석하는 방법을 배우고 나니 자신감이 생겼다. 또한 기회가 될 때마다 디자인 씽킹 워크숍에도 참여했다.

STEP 4. 융합의 현실 구현
: 융합으로 문제를 해결하거나 가치 창출하기

B는 배운 내용을 직장 내 프로젝트에 적극적으로 적용하기 시작했다. 예를 들어, 새로운 제품의 출시 전략을 수립할 때 데이터 분석 결과를 바탕으로 타겟 고객층을 더욱 세밀하게 분류했다. 디자인 씽킹 방법론을 활용해서 고객

의 니즈에 좀 더 초점을 맞추었다.

그리고 배운 지식을 공유하고자 회사 내에서 마케팅 팀과 데이터 분석팀 간의 공동 워크숍을 주최하여 배운 것과 실제 적용 사례를 공유했다. 개인 블로그에도 게시물을 업로드하여 정보 공유뿐 아니라 회사 홍보 효과까지 얻을 수 있었다.

융합 인재가 되기 위한 4단계 적용 예시_대학생

대학생 C는 스포츠를 전공하고 있지만 운동 특기자는 아니다. 최근 취업 시장이 어렵다고 해서 다른 학생들처럼 미래를 걱정하고 있는 평범한 대학생이다. 지도 교수님으로부터 스포츠만 잘하기보다 스포츠와 다른 분야를 융합해서 전문성을 키워보라는 조언을 얻었다. 대학에서 학생들에게 다양한 융합 프로그램을 제공하고 있지만 어떻게 접근을 해야 할지 잘 모르겠다. 그래도 교수님의 조언대로 융합 역량을 길러서 좋은 곳에 취업하면 좋겠다고 생각한다.

STEP 1. 융합 마인드셋: 호기심과 개방성 키우기

C는 스포츠 전공 지식에 국한되지 않고, 다양한 학문의 관

점에서 문제를 바라보려는 태도를 가져보고자 했다. 예를 들어, 스포츠 관련 이슈를 경영학, 의학 등 다른 학문의 관점에서 분석하려 노력했다. 이 과정에서 스포츠 관련 문제들 중 단일 분야의 접근으로는 해결하기 어려운 문제가 생각보다 많다는 것을 알게 되었다.

STEP 2. 융합의 탐험: 새로운 영역 탐험하기

처음에는 다양한 전공에서 제공하는 학과 체험 비교과나 동아리 체험 등으로 접근했다. 자신의 관심사가 무엇인지와 융합하면 좋을 전공이 무엇이 있을지를 탐색해보았다. 대학에서 제공하는 AI 전공추천 및 진로 컨설팅도 받아봤다.

 탐색을 하면서 경영과 마케팅, 건강관리에 관심을 가지게 되었다. 이 분야들이 자신의 전공과 시너지를 낼 수 있을 것으로 판단했기 때문이다. 해외에서 일하거나 관련된 일을 할 가능성을 염두에 두고 영어도 공부했다.

STEP 3. 융합을 위한 크로스핏: 다양한 학습 경험 쌓기

대학에서 제공하는 관련 교과목을 신청하여 수업을 수강해 보았다. 먼저 경영 전공에서 가장 기초 교과목을 수강해보고, 적성에 맞는 듯해서 세 과목을 더 수강하였다. 네

과목을 수강하니까 마이크로디그리, 소단위 전공을 이수한 것으로 인정을 받을 수 있었다. 스포츠 산업 내에서 다양한 역할을 할 수 있도록 더 많은 마이크로디그리를 이수할 예정이다.

**STEP 4. 융합의 현실 구현
: 융합으로 문제를 해결하거나 가치 창출하기**

이제 배운 지식을 실제로 적용해보기 시작했다. 스포츠 캡스톤 디자인 수업에서 실제 문제를 해결하는 프로젝트를 수행하게 되었는데, 이때 활용하였다. 팀을 이루어 스포츠 관련 문제해결을 위한 계획을 수립하고, 전공 지식뿐 아니라 경영학과 마케팅 지식을 바탕으로 문제를 해결하고자 하였다. 이 과정에서 다른 팀원들에게 경영학 이론을 가르치는 경험도 했다. 대학에서 다른 나라의 학생들과 팀을 이루어서 문제를 해결할 수 있는 기회를 제공했는데 평소 영어를 공부해둔 것이 큰 도움이 되기도 했다.

융합 인재가 되기 위한 4단계 적용 예시_창업가

창업가 D는 10년 차 영어교육 전문가로, 최근 교육 트렌드의 변화와 기술 발전에 따라 새로운 접근 방식이 필요하다고 느끼고 있다. 교육 시장의 치열한 경쟁 속에서 자신만의 독특한 가치를 창출하는 것에 대해 고민하고 있다. D는 자신의 강점이 무엇인지, 어떤 분야에서 특별히 두각을 나타낼 수 있을지 확신하지 못하면서도, 이러한 변화의 흐름을 기회로 삼아 창업을 해보고 싶다는 생각을 했다.

STEP 1. 융합 마인드셋: 호기심과 개방성 키우기

D는 영어교육을 넘어서 AI, 교육공학, 심리학, 게임 디자인 등 다양한 분야에 관심을 가지기 시작했다. 그는 개방적인 태도로 이러한 분야들이 어떻게 영어교육과 연결될 수 있을지 고민하며 새로운 아이디어를 탐색했다. D는 자신의 교육 경험과 새로운 기술, 그리고 현대 학습자들의 요구를 효과적으로 결합하고자 했다.

STEP 2. 융합의 탐험: 새로운 영역 탐험하기

먼저 교육 분야의 최신 트렌드를 조사하고 교육 관련 컨퍼런스에 참가하여 다양한 기술이 어떻게 교육에 적용되고 있는지 살펴보았다. 온라인 교육 플랫폼에서 제공하는 다양한 분야의 강좌 목록을 검토하여 영어교육과 접목할 수 있는 흥미로운 분야를 물색했다. 혁신적인 교육 플랫폼들의 사례를 연구하고 이들이 어떤 분야의 지식을 교육에 융합했는지 분석하기도 했다. 다양한 분야의 전문가들을 만나면서 그들의 분야가 교육과 어떻게 연계될 수 있을지에 대한 인사이트를 얻는 것도 잊지 않았다.

STEP 3. 융합을 위한 크로스핏: 다양한 학습 경험 쌓기

D는 게임 디자인 기초 과정과 AI 프로그래밍 입문 과정을 온라인으로 수강했다. 코세라에서 게임화Gamification 강좌를 수강하고 영어교육에 게임화를 성공적으로 적용한 언어 학습 앱을 조사하여 벤치마킹할 비즈니스 모델을 분석했다. 여러 웨비나webinar, 웹에서 진행하는 세미나와 컨퍼런스에 참여하여 최신 영어교육 트렌드와 사례를 학습하기도 했다.

또한 교육심리학 관련 워크숍에 참여하여 학습동기 부여에 대한 최신 연구 결과들을 학습했다.

STEP 4. 융합의 현실 구현
: 융합으로 문제를 해결하거나 가치 창출하기

새롭게 익힌 지식을 바탕으로 D는 몇몇 사람들과 함께 'AI 기반 개인화 영어 학습 게임 플랫폼'을 기획하기 시작했다. 학습자가 가상의 세계를 탐험하며 영어를 학습할 때 퀘스트를 완료하고 레벨을 올리는 과정에서 자연스럽게 영어 실력이 향상되는 것과 같은 게임화 요소를 포함했다. 그리고 영어교육 전문가가 만든 플랫폼답게 게임적 요소만 강조하기보다는 효과적인 영어 학습이 가능한 프로그램을 만드는 데 더욱 신경을 썼다.

D는 이 아이디어를 바탕으로 스타트업을 설립했다. 그는 교육 전문가로서의 경험과 새롭게 습득한 기술 지식을 결합하여 제품을 개발하고 초기 버전을 출시해 사용자들로부터 긍정적인 반응을 얻었다.

또한 D는 자신의 경험을 바탕으로 컨퍼런스에서 강연을 하고, 관련 내용을 블로그에 정기적으로 포스팅 하며 지식을 공유했다.

당신도 이렇게 열린 마음으로 새로운 변화와 기술을 받아들이고 융합의 기회를 적극적으로 모색해볼 준비가 되었는가?

미래에는 AI를 활용할 수 있는 사람과 그렇지 않은 사람들 간에 격차가 지금보다 더욱 크게 나타날 것이다. 게다가 AI를 활용하면서 융합 역량을 가지고 있는 사람과 그렇지 않은 사람과의 차이는 더 커질 것이다. 융합은 거스를 수 없는 시대의 키워드임을 명심하고, 이를 바탕으로 AI 시대에 자신만의 고유성과 독보적 능력을 발휘하자.

Jieun's insight

- 인성, 인간미, 공감, 윤리의식은 AI 시대에 더욱 중요해질 것이다. 이러한 인간의 고유한 특성들도 학습이 가능하며, 미래 인재의 필수 조건이 될 것이다.
- AI 기술이 고도화되고 정보와 지식이 넘쳐날수록 개인의 섬세한 감성과 독특한 개성, 사람의 마음을 움직이는 능력과 하이터치 역량이 더욱 중요해질 것이다.

2장

인성으로
'육각형 인간'
되기

01

AI 시대,
인성이 인재의 필수 조건이다

완벽한 인간의 새로운 기준이 등장할 것이다

육각형은 가장 완벽한 도형으로 알려져 있다. 그런데 요즘 이 육각형이라는 표현은 '외모·학력·자산·직업 등 모든 면에서 완벽한 사람'이라는 의미로, SNS나 책에서 '육각형 아이돌', '육각형 운동선수' 등과 같이 쓰인다.

당신은 스스로를 육각형 인간이라고 생각하는가? 이 질문에 답하면서 기분이 좋거나 실망할 필요는 없다. 왜냐하면 미래에는 육각형이 다른 요소들로 채워질 가능성이 더 크기 때문이다.

예를 들어, 외모의 기준은 시대에 따라 끊임없이 변화한다. 과거에 이상적인 외모로 여겨지던 기준이 현재에는 다르게 평가될 수도 있다. 직업 또한 마찬가지다.

학벌에 대한 인식 역시 변화하고 있다. 예를 들어, 점점 더 많은 기업들이 학벌보다 실무 능력과 경험을 중시한다. 여러 글로벌 기업들이 자체적인 온라인 교육 프로그램을 제공하고 있는데 이는 대학이나 대학원이 빠르게 변화하는 사회의 발전 속도를 따라가지 못한다고 생각하기 때문이다.

AI가 바꾸어놓을 세상에서, 우리는 '육각형 인간'의 새로운 기준을 마주하게 될 것이다. 이제 이 육각형에 반드시 포함될 것은 무엇일까?

AI가 흉내 낼 수 없는, 인간만이 지닌 것, 바로 '인성'이다.

인성은 성품이나 성격 이상의 것을 의미한다

인성人性의 뜻은 무엇인가? 인성은 시대와 학자에 따라 다양하게 정의되어왔다. 심리학·철학·교육학 등 학문의 관점에 따라서도 달라진다. 과거에는 보통 "인성이 좋다"라는 말이 '성품이 좋다', 쉽게 말해서 '착하다'는 의미로 받아들여졌다. "공부는 잘 못하는데 인성은 좋아"라는 표현처럼 말이다.

한편 최근에는 '인성'이라는 말에 '역량'의 의미가 추가되어 쓰이고 있다. 도덕적, 사회적 그리고 감성적 소양을 '실천'해낼 수 있는 역량을 갖춘 사람을 가리켜 '인성이 좋다'고 말한다. 즉 사회적으로 신뢰받고, 공동체와 사회에 긍정적인 영향을 미치며, 더 나은 사회를 만드는 데 기여하는 사람이다. 또한 자신의 내면(마음)을 잘 돌보는 것도 포함된다.

인성을 사람의 성품이나 성격으로만 생각하는 사람들은 학교에서 인성 교육을 한다고 하면 인성을 뭘 가르치냐고 말하기도 한다. 인성이 좋은 학생이 될 수 있도록 교육한다고 하면 '공부는 좀 덜 시키나?'라고 오해하는 경우도 있다. 그런데 인성에 역량의 개념이 추가된다고 하면 왜 학교에서 인성을 가르쳐야 하는지, 왜 학생들이 다양한 프로그램을 통해 인성을 배워야 하는지 알 수 있다.

하지만 "인성이 중요하다"라는 말을 많이 들었고 이에 동의하지만 현실은 조금 다르다고 생각할 수도 있다. 실제로 인성보다 실적이나 성적이 더 좋은 사람이 성공하는 모습을 많이 볼 수 있었기 때문이다.

그러나 앞으로는 어떤 일은 AI가 사람보다 더 잘하는 시대가 올 것이다. 그렇다면 상황은 달라진다. AI가 일할 미래에는 AI가 할 수 없는 일을 잘 보완할 수 있는 좋은 인성을 가진 사람이 빛날 것이다. 도덕적으로 올바른 결정을 내릴 수 있는 능력, 협력하는 능력, 타인과 사회에 기여할 수 있는 마음이야말로 인간을 기계와 구분 짓는 중요한 특징이다. 미래를 대비하면 인성은 더욱 성장시켜야 하는 중요한 가치가 될 것이다.

02

심장의 시대,
사람의 마음을 움직이는 능력이
경쟁력

미래의 직업은 심장과 관계가 있다

컬럼비아 대학Columbia University 총장 미노체 샤피크Minouche Shafik는 이렇게 말한다. "과거의 직업은 '근육'과 관계가 있었다. 요즘의 직업은 '두뇌'와 관계가 있다. 미래의 직업은 무엇과 관계가 있을까? '심장'과 관계가 있을 것이다."

농업, 건설, 제조업 등의 분야에서 신체 노동이 중심이 되었던 '근육의 시대'가 있었다. 이때는 농사, 공장, 건설 현장 등에서 힘이 많이 필요한 일들이 대부분이었다. 그래서 몸이 튼튼하고 강한 사람이 인재였다.

그러나 산업혁명으로 기계가 인간의 근육을 대체하기 시

작했고, 그 뒤 정보기술의 발전과 함께 정보를 처리하는 직업의 증가로 '두뇌의 시대'를 맞이하게 되었다. 지식이 중요해지면서 머리를 쓰는 일을 잘하는 사람이 인재가 되었다. 의사, 변호사, 프로그래머, 디자이너와 같이 지적 능력을 가진 전문가가 인정을 받았다.

그런데 인간의 두뇌를 AI가 대체하기 시작하면서 상황은 크게 달라지고 있다. AI에게 없지만 인간에게 있는 것, 그것이 바로 '심장'이다. 여기서 '심장'이란 단순히 몸속 장기가 아니다. 인간의 '감정'과 '마음'을 의미한다

AI 시대에 진입하면서 기술적 능력이 매우 중요한 것으로 인식되고 있다. AI를 소개하고 사용법을 알려주는 책과 콘텐츠가 넘쳐나는 이유다. 최근 컴퓨터 관련 전공의 인기가 높아진 것도 같은 맥락이다.

기술적 능력, 물론 중요하다. 그런데 한번 상상해보자. 외국인 비즈니스 파트너를 만나는 자리다. 한쪽에서는 좋은 인상의 인간 통역사가 미소를 띠고 열심히 그 나라 언어로 설명을 하고 있다. 다른 한쪽에서는 AI를 잘 사용하는 사람이 AI로 설명을 하고 있다. AI가 통역을 잘해주기 때문에 의사소통에 큰 문제는 없다. 만일 당신이라면 둘 다 같은 조건일 때 어느 쪽의 만남을 더 선호하겠는가?

예전에 테니스 선수 정현의 영어 실력이 화제가 된 적이 있었다. 그의 영어 인터뷰 영상 조회수도 엄청났다. 영국의 한 언론지로부터 '외교관급의 위트'로 칭찬을 받기도 했다. 그런데 만약 AI가 그의 위트를 통역했다면 이 느낌을 잘 살릴 수 있었을까? 통역 프로그램이나 앱, 최근 ChatGPT와 같이 통역을 잘해주는 AI가 있음에도 불구하고 여전히 영어 가능자를 원하는 이유는 무엇일까?

AI와 대화를 하는 것과 인간과 직접 대화를 하는 것에는 큰 차이가 있다. 인간과의 직접 대화가 기계 통역 그 이상의 의미가 있는 이유, 샤피크가 말한 것처럼 미래의 일이 '심장'과 관계 있는 이유다.

인간만이 가능한 것, 고유성의 가치

기술과 인간성의 조화를 통해 성공을 이룬 혁신가들의 사례는 인간만이 가능한 것의 가치를 보여준다. 이들은 단순한 기술이나 비즈니스 전략을 넘어 인간의 감정, 경험, 가치를 중심에 두고 혁신을 이뤄냈다. 이러한 접근은 제품과 서비스에 대한 사람들의 공감을 이끌어내며, 브랜드에 대한 강한 유대감을 형성했다. AI 시대에는 이러한 인간 고유의 특성이 더 중요해지며, 스토리가 미래의 경쟁력이 될 것이다.

스티브 잡스의 성공은 단순히 기술적 능력이나 사업 전략에만 기반한 것이 아니었다. 기술에 인간의 감정과 가치를 통합하였고, 제품을 디자인할 때 사용자의 감정을 고려했다. 이것이 애플 제품이 전 세계적으로 사랑받는 이유 중 하나다. 잡스는 자신의 비전을 명확하게 전달하는 데 뛰어난 능력을 가지고 있었다. "Think Different" 광고를 통해 제품의 기능보다 소비자의 감정에 호소했다. 또한 사용자의 경험을 공감하고자 하였다. 아이폰의 단순한 디자인은 사용자가 기술에 대해 느끼는 거리감을 줄이고, 쉽게 접근할 수 있도록 하였다.

하워드 슐츠Howard Schultz는 스타벅스를 단순한 커피 체인점이 아니라, 사람들이 편안하게 모여 교류할 수 있는 공간으로 만들고자 했다. 도브는 '리얼 뷰티'Real Beauty 캠페인을 통해 여성의 자존감을 높이고 사회적 인식을 변화시키는 데 초점을 맞추었다. '배달의 민족'은 젊은 세대의 전화 통화에 대한 부담감에 공감하여 배달 앱을 개발했고, 사용자와의 감정적 연결을 강화하였다.

장인이 만든 물건이 비싼 이유, 유명 화가의 진품을 소장하려 하는 이유는 그 안에 담긴 인간 고유의 가치 때문이다. 이러한 제품은 단순한 기능을 넘어 기계나 AI가 복제할 수 없는, 만든 사람의 열정과 경험, 그리고 창의성을 담고 있다. 각 제품에는 장인의 독특한 스토리와 철학이 녹아있어서 대량 생산 제품과는 다른 특별한 의미를 지닌다.

앞으로 AI 기술이 더욱 발전하여 예술 작품의 대량 생산이 가능해지더라도 역설적으로 인간의 손길이 직접 닿은 제품들의 가치가 더욱 높아질 것이다. 사람들은 기계적인 완벽함보다 인간만의 독특한 감성과 스토리가 담긴 제품에서 특별한 매력을 느낄 것이다. 수제 가구, 수공예품, 인간 작가가 쓴 소설, 화가의 그림 등 AI가 생성한 작품과는 다른 깊이와 의미를 가질 것이다.

따라서 우리는 개인의 고유성과 스토리를 개발하는 데 집중해야 한다. 자신만의 독특한 경험, 감성, 그리고 가치관이 미래 사회의 경쟁력이 될 것이다.

사람의 마음을 움직여서 차별화해야 한다

사람의 마음은 움직이는 것이다. 오래전 한 광고에서 화제가 된 "사랑은 움직이는 거야"라는 카피처럼 말이다. 같은 기술이나 성능을 가지고도 인간의 마음을 움직여서 그 가치를 높일 수 있다.

과거에는 기업들이 경쟁 우위를 확보하기 위해 주로 기술력에 크게 의존했다. 그 당시에는 기술적 우수성이 기업의 성패를 가르는 중요한 척도였기 때문이다. 그런데 기술의 발달과 정보의 대중화로 기술력 자체는 점점 비슷해지는 경향을 보이고 있다. 스마트폰의 경우에도 비슷한 하드웨어 스펙과 기능을 제공하고 있다. 기술력만으로는 충분히 차별화되기 어려운 것이다.

이제는 새로운 방식으로 차별화해야 한다. SNS의 스토리텔링과 고객 참여가 마케팅 전략의 핵심으로 떠오르게 된 것도 이러한 이유 때문일 것이다.

인플루언서들의 성공 비결을 보면 대부분 사람들의 마음을 움직여서 행동하게 했다는 것을 알 수 있다. 진정성, 공감 능력, 지속적인 소통, 윤리적인 행동 등이 그들의 주요 전략이다.

잘생기거나 예쁜 사람들보다 인상과 표정이 좋은 사람들이 더 호감을 주는 경우가 많다. 이는 단순히 시각적인 아름다움이 아니라, 그 사람의 마음이 드러나는 인상과 표정이 우리의 마음을 움직이기 때문이다.

샤피크의 말대로 이제는 '심장'과 관계된 직업의 시대로 접어들고 있다. 미래의 인재는 인간의 따뜻한 마음과 감정을 잘 표현하고 이해하며, 이를 통해 다른 사람들의 마음을 움직일 수 있는 사람, 긍정적인 영향을 미칠 수 있는 사람일 것이다.

혹시나 자신의 일이 AI와 로봇으로 대체되지 않을까 하는 위기를 느낀 적이 있다면, 불안해하지 말고 당신의 따스한 온기를 느껴보라. 세상이 편리해지고 스마트해질수록 줄어들고 사라지는 것이 인간의 온기다. 뜨겁게 움직이는 심장이 있다면 당신을 대체할 수 있는 것은 없다. 미래를 살아갈 우리의 아이들도 인간의 온기를 가지고 사람의 마음을 움직이는 인재로 자라도록 도와주어야 한다.

03
하이테크 시대, 하이터치 하자

사람과의 정서적 연결이 중요하다

사람들은 따뜻한 인간미를 원한다. 그런데 현대 사회에서 마음을 나누는 것이 점점 어려워지고 있는 듯하다. 팬데믹은 이 변화를 가속화했다. 기술의 발전으로 물리적인 접촉 없이도 일상의 대부분을 온라인으로 해결할 수 있게 되었다. 이러한 변화는 효율성과 편리함을 증대시킨 결과를 만들어낸 동시에 인간의 따뜻한 마음을 느끼기 어려운 상황도 만들어냈다.

사람과 사람이 나누는 미소, 손길, 따뜻한 말 한마디는 우리가 매일 손에 쥐고 사는 핸드폰이나 책 속의 어떤 이야기도 대신할 수 없는 소중한 것들이다. 인간과의 정서적 교류는 우리의 마음을 진정으로 채워준다.

AI가 인간의 표정을 보고 감정을 이해할 수 있는 시대가 왔다. 혼자 거주하시는 분들에게 말동무가 되어줄 수 있는 AI도 보급되고 있다. 그런데 이러한 기계가 인간의 따뜻함을 대신할 수 있을까? 기술이 발전해도 인간 본연의 따뜻함과 교류의 가치는 여전히 중요하다. 우리는 이를 잊지 말아야 할 것이다.

앨빈 토플러Alvin Toffler만큼 잘 알려진 미래학자 존 나이스비트John Naisbitt는 그의 책 《메가트렌드Megatrends》를 통해 미래 사회의 변화를 예측한 바 있다. 특히 그는 《하이테크 하이터치High Tech, High Touch》●에서 기술 발전이 가져오는 이점을 최대화하면서도 인간의 감성과 따뜻함, 즉 인간다움의 중요성을 간과하면 안 된다고 강조한다. 기술이 빠르게 발전함에 따라 사람들이 인간적인 접촉과 감성적인 교류를 점점 더 갈망하기 때문이라는 것이다. '하이테크'가 진보하는 만큼 '하이터치', 즉 인간미와 정서적 연결의 중요성이 높아지므로 기술과 인간성 사이의 균형을 찾는 것이

● Naisbitt, J., Naisbitt, N., & Philips, D. (1999). High Tech, High Touch: Technology and Our Search for Meaning. Broadway Books.

중요하다고 강조한다.

여기에서 '하이테크'는 AI, 빅데이터, 로봇공학, 사물인터넷IoT, 클라우드 컴퓨팅 등 첨단 기술을 의미한다. 한편 '하이터치'는 사람과 사람 사이의 깊은 상호작용과 감정적인 연결을 의미한다. 이는 인간적인 공감, 감정 등이 중요하다는 것을 강조하는 개념이다.

'휴먼터치'Human Touch와 '하이터치'는 종종 서로 혼용되어 사용되지만 다른 맥락에서 사용된다. 휴먼터치는 사람과 사람 사이의 직접적인 상호작용이나 감정적 연결을 의미한다. 하이터치는 기술이 일상 생활의 많은 부분을 차지하는 현대 사회에서, 사람들이 여전히 개인화되고 지속적인 인간적 상호작용을 중시한다는 것을 강조하기 위해 사용된다. 휴먼터치와 비슷하지만 기술과의 균형을 찾으려는 맥락에서 사용된다고 할 수 있고, 또한 더 깊은 수준의 개인화와 집중적인 관리를 포함한다고 할 수 있다.

마케팅의 거장 필립 코틀러Philip Kotler도 《마켓 5.0Marketing 5.0》에서 '인간성을 위한 마케팅 기술'에 초점을 맞췄다.• 그는 기술 중심에서 인간 중심으로의 전환을 강조하며, 디

• Kotler, P., Kartajaya, H., & Setiawan, I. (2021). Marketing 5.0: Technology for Humanity. John Wiley & Sons.

지털 환경에서 인간적인 감성과 경험 제공의 중요성을 강조했다. 코틀러는 디지털 솔루션의 편리함과 효율성을 인정하면서도, 이들의 한계를 지적하며 기술과 인간 감성이 결합된 하이브리드 서비스 모델을 제안했다. 그는 이 시대의 마케팅 전략은 최신 기술을 도입하는 것을 넘어 인간에게 공감하고 감동을 줄 수 있는 방법을 찾는 것이 되어야 한다고 주장했다.

최근 해외에서도 하이테크 시대의 하이터치나 휴먼터치에 대한 관심이 높아지고 있다. 스타벅스는 이를 통해 차별화된 고객 경험을 제공하는 좋은 사례다. 모바일 앱을 통한 사전 주문과 결제 기능을 제공하면서도 매장에서는 고객에게 개인화된 서비스를 제공한다. 바리스타가 고객의 이름을 부르며 음료를 제공하기도 한다.

하이테크 하이터치 사례는 병원과 은행에서도 찾아볼 수 있다. 병원에서는 최첨단 의료 기술의 사용뿐만 아니라 환자와 의사 관계에서 신뢰와 공감이 매우 중요하다. AI를 활용한 진단 시스템이 많은 병원에 도입되고 있지만, 환자와 의사 관계에서 인간적인 상호작용은 치료 과정에서 여전히 중요한 역할을 한다. 의사들이 AI의 진단을 보조 자료로 사용하면서도 환자와의 대화를 통해 심리적 안정과 이해를 제공하면 치료 효과가 더 커질 수 있다.

은행의 상황도 비슷하다. AI는 빠르고 정확한 정보를 제공할 수 있고 현재 온라인 뱅킹의 사용 빈도가 매우 높지만, 한계가 있다. 반면 인간 상담사는 고객의 감정을 이해하고 맞춤형 조언을 제공하며 신뢰를 줄 수 있다.

교사와 부모의 하이터치가 더욱 중요해진다

교육 분야는 하이테크 하이터치가 가장 필요한 분야 중 하나다. AI 교사는 학생들에게 수준별 맞춤 학습 등 개인화된 학습 경험을 제공할 수 있다. 이와 동시에 인간 교사나 부모가 직접해야 할 역할도 있다.

우리나라에서도 최근 교육에서 하이테크 하이터치를 강조하고 있다. 특히 2025년 AI 디지털교과서가 단계적으로 적용되면 교사의 역할 중 하이터치가 더욱 중요해질 것이다. 우리나라에서 하이터치 교육은 주로 역량 함양과 사회·정서적 지원을 포함할 것으로 예측된다.

교사의 역할이 지금까지와는 많이 달라질 수 있다. AI가 이해·암기·진단·맞춤 학습을 제공하고, 교사는 미래에 필요한 역량과 인성 지도, 정서적인 부분에 대한 지원을 할 것이다. 예를 들어, 학생들은 AI 교사와 이론 학습을 하고 인간 교사와는 프로젝트를 진행할 수 있다. 이 과정에서 인간 교사는 AI 시대에 필요한 역량을 길러주고 인간적인 교감을 할 수 있는 하이터치 교육을 하게 된다. 부모의 정서적 지원도 더 중요해질 것이다.

정서적 교류나 교감 없이 이른바 '노터치'로도 살아갈 수 있는 사회에서, 우리는 인간과의 연결, 감정적 연결의 중요성을 다시 인식해야 한다. 사람과의 깊은 교감을 통해 얻는 행복을 추구하고 하이테크 속에서도 진정한 인간 관계를 맺기 위해 노력하는 사람이 미래에 필요한 인재가 될 것이다.

04

인성과 윤리도 학습하자

인성은 타고나는 것도 있지만 학습되기도 한다

한 아이가 초등학교 3학년이 되던 해, 집안 사정상 할머니 할아버지와 함께 살게 되었다. 한 달이 지난 후, 아이의 표정에는 이전에 볼 수 없던 만족감과 따뜻함이 나타나고 있었다. 이 아이는 전과 달리 사람들에게 맛있는 음식을 권할 줄 알았고, 안부를 물어볼 줄도 알았으며, 도움이 필요한 사람들에게 손길을 건네고 싶어 하기도 했다. 아이의 이러한 변화는 할머니 할아버지가 직접 보여준 정(情)과 예의, 도리를 갖춘 인간미 있는 모습과 행동에서 비롯된 것이었다. 아이는 할머니 할아버지를 통해 감정적 돌봄은 물론 인성 교육도 받을 수 있었다.

아이는 자신을 큰 사랑으로 따듯하게 품어주고 다른 사람들에게 좋은 영향을 끼쳐야 한다고 가르쳐주신 할머니 할아버지를 실망시키지 않겠다는 각오로 공부에 매진하기도 했다. 그 결과 아이는 원하던 대학에 진학해 하고 싶은 일을 찾아 나아갈 수 있게 되었다.

또 다른 사례가 있다. 몇몇 대학생들이 태풍으로 과수원에 밀려 들어온 돌들을 줍는 봉사 프로그램에 참여했다. 학생들은 봉사복을 입고 사진 몇 장을 찍은 뒤 돌을 몇 개 줍다가 가야겠다고 생각했다. 그런데 과수원 주인이 학생들에게 굉장히 고마워하면서 직접 만든 떡을 나눠주기 시작했다. 사실 학생들은 점심과 간식을 따로 준비해 왔는데 주인분의 다정다감함에 감동을 받아서 더욱 열심히 봉사를 했다.

이처럼 인간미는 단순히 좋은 감정을 느끼게 하는 것을 넘어서 큰 영향력을 발휘한다. 인간미는 마치 마법과 같아서 다른 사람에게 전해진 인간미는 더 큰 인간미를 가지고 올 수 있는 것이다. 인간미와 인성은 타고나는 것과 동시에 외부 환경에 의해서도 영향을 받고, 배워야 하는 부분도 있다. 이는 완전히 동일하지는 않지만 언어 습득 과정과 비슷해 보이기도 한다.

언어학자 노엄 촘스키Noam Chomsky는 인간이 언어를 습득할 수 있는 '언어 습득 장치'LAD, Language Acquisition Device를 타고난다고 주장했다. 그런데 이 장치가 활성화되기 위해서는 언어 환경의 자극이 필요하다. '늑대 아이'와 같이 어린 시절에 언어적 자극을 받지 못한 아이들은 언어를 배우는 데 큰 어려움을 겪는 것이다. 이와 유사하게, 인간미와 인성도 환경에 의해 영향을 받는다. 가정, 학교, 사회와 같은 환경에서 인간미를 느끼고 바람직한 행동 모델을 접한 아이들은 더 높은 도덕적 기준과 인성을 갖게 되는 것을 볼 수 있다. 이는 인간의 타고난 선한 본성이 주변 환경에 의해 깨워지고 강화될 수 있음을 의미한다.

인성은 타고나는 것도 있지만 후천적·환경적·학습의 영향을 받기도 한다는 사실을 잊지 말자. 인성을 바르게 학습해야 미래의 육각형 인재가 될 수 있다.

인간미, 인간다움, 인성

인간미, 인간다움, 그리고 인성은 서로 밀접하게 연관되어 있지만, 각각 미묘한 차이를 가지고 있다.

인간미는 인간의 따뜻함·친절·동정심과 같은 인간적인 감정, 감성이나 성향을 나타내는 데 초점을 맞춘다. 이는 사람에게서 느낄 수 있는 정답고 따뜻한 느낌이다. 공감과 이해를 보여주고 따뜻한 말을 건네는 방식을 통해 드러나며, 타인과의 관계에서 특히 중요한 역할을 한다. 예를 들어, 누군가가 힘든 일을 겪고 있을 때 위로의 말을 건네고 함께 슬퍼하는 행동은 인간미를 보여준다. 미래에는 인간과의 상호작용과 연결을 더 원하게 될 것이다. 이러한 미래에 '인간미'는 반드시 필요하다.

인간다움의 정의는 시대와 학문에 따라 조금씩 달라지고 있지만 보통은 인간이 동물과는 구별되는 근본적인 본성을 의미한다고 할 수 있다. 이 인간다움은 인간의 본성과 관련된 철학적·윤리적·심리학적 질문들과 깊이 연결되어 있다.

아리스토텔레스Aristoteles는 인간을 가리켜 이성적인 능력을 가지고, 도덕적 선택을 할 수 있는 유일한 존재라고 했다. 그에 따르면, 인간다움의 핵심은 이성을 사용하여 덕을 추구하는 것이다. 임마누엘 칸트Immanuel Kant 또한 인간을 이성적인 존재로 보았다. 그는 인간은 이성적일 뿐 아니라 자율적이고 도덕적이라고 했다. 인간이 도덕적 의무를 이해하고 자율적으로 행동할 수 있는 능력을 가지고 있다고 말했다.

인성의 정의는 학문적 관점과 종교적 관점에 따라 조금씩 다르지만 보통 '사람 됨됨이', '인간의 본성'을 의미하며, 개인의 성격과 태도, 도덕적 가치 등을 포괄하는 개념이라 할 수 있다. 인성은 영어로는 'personality' 또는 'character'라고 한다.

영어 'personality'는 개인의 독특한 성격을 말한다. 예를 들어, "그는 밝은 성격이다"라고 표현할 때 사용된다. 그리고 'character'는 인간으로서 지켜야 할 품격, 정직, 성실, 용기와 같은 개인의 도덕적이고 규범적이며 윤리적인 자질을 의미한다. "그는 윤리적인 태도를 가지고 있다"에서 사용된다고 할 수 있다.

영어 'personality'는 라틴어 'persona'에서 유래된 말로 '가면'을 의미한다. 고대 로마에서 연극 배우들이 쓰는 가면을 뜻하며, 가면을 쓰고 보이는 외적인 것을 말한다. 영어 'character'는 그리스어 'kharaktēr'에서 유래된 말로 '각인' 또는 '표시'를 의미한다. 라틴어 'character'를 거쳐 중세 영어로 들어왔다. 처음에는 물리적 표식을 의미했지만 점차 사람의 도덕적·윤리적 특성을 나타내는 용어로 사용되었다.

앞에서 이야기한 것처럼 최근에는 이러한 인성을 인간만이 가진 특징으로서 생각과 감정을 활용하는 실력으로 정의하기도 한다. 또한 인성은 미래 사회에서 성공적인 삶을 살아가기 위해 요구되는 핵심 역량이기도 하다. 선천적으로 타고나는 것 이상의 더 넓은 의미를 가지게 되는 것이다. 기술적 능력과 전문 지식의 중요성은 여전하지만, 이제는 다른 사람들과 함께 일할 수 있는 것, 그리고 선한 영향력을 끼치는 것이 그 어느 때보다 중요해졌다. 이것의 핵심이 바로 '인성'이다.

인간미가 주로 감성적 측면을, 인간다움이 인간의 이상적 모습을, 그리고 인성이 개인의 고유한 특성을 강조한다는 점에서 차이는 있지만 이들은 서로 밀접하게 연관되어 있다. 그리고 이것은 미래 사회에 더욱 빛을 발할 것이다.

인간의 윤리적 판단력이 더욱 중요해진다

감정을 표현할 수 있을 뿐 아니라 위트 있는 대화까지 할 수 있는 AI 휴머노이드 로봇 소피아Sophia가 세계 최초로 시민권을 받게 됐다. 소피아에게 "화재 현장에 위급하게 구조를 기다리는 어린아이와 노인이 있다. 한 명만 구조할 수 있다면 누구를 구조할 것인가?"라는 질문을 했다. 이 질문은 영국의 윤리 철학자인 필리파 푸트 Philippa R. Foot가 제안한 윤리적 선택 '트롤리 딜레마' Trolley Dilemma와 비슷하게 선택이 쉽지가 않다.

소피아는 이렇게 답했다. "너무나 어려운 질문이다. 엄마와 아빠 중에서 누가 더 좋은지 묻는 것과 같다"고 했다. 그리고 "나는 이런 윤리적 문제에 대한 프로그래밍이 되어 있지 않다. 만약 구한다면 출구에서 가장 가까운 쪽에 있는 사람을 구조할 것"이라고 대답했다. 그 이유에 대해서는 "논리적이니까"라고 말했다. 휴머노이드 로봇이 아닌 당신이라면 어떤 결정을 내리겠는가?

앞에서 언급한 트롤리 딜레마의 실험에 대해 들어본 적 있을 것이다. 트롤리 딜레마는 곧 다가올 AI 자율 주행 자동차와도 관련된 문제이기 때문에 최근에 자주 언급되고 있다. 내용은 이렇다. 열차가 선로를 달리고 있고, 선로 중간에서는 인부 다섯 명이 작업을 하고 있다. 그리고 당신에게는 열차의 선로를 바꿀 수 있는 전환기가 있다. 다섯 사람을 구하기 위해서는 선로를 바꾸는 전환기를 당기면 된다. 그러나 안타깝게도 다른 선로에 인부 한 명이 작업을 하고 있는 중이다. 다섯 명을 살리기 위해 선로 전환기를 당기면, 다른 선로에 있는 인부 한 명이 죽게 된다. 당신은 어떤 선택을 내릴 것인가?

머지않아 이러한 딜레마의 상황에서 AI가 선택을 내리는 상황이 다가올 것이다. 그렇다면 인간이 AI를 프로그래밍 할 때 어떤 기준으로 선택하도록 만들어야 할까? AI가 인간의 생명과 기본권에 영향을 미치는 결정을 내릴 때, 어떤 기준으로 프로그래밍해야 할지에 대한 심도 깊은 고민이 필요하다. 사람들은 윤리적·도덕적 가치를 고려하여 다양한 관점에서 문제를 바라보고 결정을 내린다. 미래 사회에서는 기계가 결정하기 어려운 윤리적·도덕적 문제와 관련해 인간의 역할이 더욱 중요해질 것이다.

미래의 인재는 AI와 같은 새로운 기술을 개발하고 사용할 때, 윤리적 기준을 적용하고 기술이 사회에 미칠 영향을 신중히 고려해야 한다. 윤리와 도덕 의식을 기르는 방법으로는 디지털 윤리 학습과 철학 강의 수강, 윤리적 문제에 대한 자기 성찰, 토론을 통한 철학적 사고 함양, 봉사활동 및 윤리 관련 위원회 활동 참여 등이 있다.

이러한 노력을 한다면 기술의 발전과 인간의 가치가 조

화롭게 공존하는 더 나은 미래를 만들어갈 수 있을 것이다. 당신은 무엇부터 시작해보겠는가? 우리의 아이들은 어떻게 교육하겠는가?

05

공감하는 마음과
플레이풀한 영혼

인간은 공감할 수 있고 공감을 원한다

'호모 엠파티쿠스' Homo Empathicus는 '공감하는 인간'을 의미한다. SNS에서의 '좋아요'를 원하는 현상은 우리가 얼마나 타인의 공감을 갈구하는지를 보여주는 예다. 공감 능력은 개인적 관계뿐만 아니라 사회적 책임과 윤리적 결정에도 중요한 역할을 한다.

유전학에서 발견된 거울신경세포는 인간이 타인의 생각이나 행동을 마치 자신의 것처럼 이해할 수 있게 해준다. 이로 인해 '공감 뉴런'이라는 별칭도 얻게 되었다. 모든 인간이 이 거울 뉴런을 가지고 태어남에도 불구하고, 공감 능력의 차이가 존재하는 이유는 무엇일까? 이는 타고난 요인도 있지만, 환경과 학습의 영향도 크다는 것을 의미한다.

과학기술의 발전은 이러한 인간 고유의 영역에도 도전장을 내밀고 있다. 거울세포 활성화 연구, 뇌-컴퓨터 인터페이스 기술, 가상현실 VR과 증강현실 AR 등을 통해 공감 능력을 향상시키려는 시도가 이루어지고 있다. AI 또한 인간의 감정을 인식하고 반응하는 수준에 이르렀다.

그러나 진정한 공감은 여전히 인간만의 고유 영역으로 남아 있다. 공감은 단순히 감정을 이해하는 것을 넘어 함께 느끼는 것이기 때문이다. 이는 기계가 쉽게 모방할 수 없는 인간만의 특별한 능력이다.

따라서 우리는 스스로의 공감 능력을 돌아보고 키워나가야 한다. 따뜻함과 친근함을 주는 사람, 함께 있고 싶은 사람이 되기 위해 노력해야 한다. 문학 작품을 통해 작가(타인)의 마음을 진정으로 이해하고, 일상에서도 다른 사람의 감정에 귀 기울이고 공감하는 연습이 필요하다.

공감의 힘을 통해 우리는 서로와, 그리고 세상과 더 깊이 연결될 수 있다. 이것이 바로 '호모 엠파티쿠스'가 지향하는 인간의 모습이며, AI 시대에도 변함없이 중요한 우리의 고유한 특성일 것이다.

플레이풀한 사람이 되어보는 것은 어떨까?

우리 주변을 둘러보면 스마트폰에 몰두하고 있는 사람들이 눈에 띈다. 이런 모습이 언제부터 일상이 되었을까?

한때 우리는 모두 어린아이였고 호기심 가득한 영혼을 가지고 있었다. 무모한 일이라도 새로운 시도를 즐겼고, 사소한 일에도 엄청난 재미를 느꼈다. 그러다 어느 순간 우리는 내면의 이런 소중한 면모를 잃어버린 채 자라고 어른이 된다.

그리고 AI가 등장하면서 사회는 점점 더 능률과 생산성을 중시하게 되었다. 하지만 이러한 변화 속에서도 잊지 말아야 할 것이 있다. 바로 우리 인간만의 고유한 본질이다. 특히 호기심, 창의성, 회복력, 유쾌함, 그리고 인간다움과 밀접한 관련이 있는 '플레이풀Playful함'에 대해 다시한번 생각해보자. 영어 'Playful'의 뜻에 대해 ChatGPT에 물어보았더니 이렇게 답했다.

"'Playful'은 한국어로 '유쾌한', '장난기 있는', '재미있는' 등으로 번역될 수 있습니다. 이 단어는 놀이를 좋아하거나 장난을 즐기는 성향을 나타내며, 밝고 긍정적인 태도를 가지고 있는 상태를 의미합니다. 주로 사람의 성격이나 분위기를 묘사할 때 사용되며, 창의적이고 자유로운 사고를 강조할 때도 쓰입니다."

세상을 '플레이풀'하게 바라본다면 많은 것이 달라질 수 있다. 일상에서 작은 기쁨을 찾아낼 수 있고, 유머 감각도 발휘할 수 있다. 이러한 태도는 창의성의 씨앗이 되며, 문제해결에 새로운 관점을 제시해준다. 새로운 시도도 두려워하지 말자. 도전하는 자세는 혁신적인 아이디어로 이어지며, 이는 AI가 쉽게 따라 할 수 없는 인간만이 가진 특별한 재능이다.

창의적인 아이디어를 내고 그것을 실현하기 위해 기꺼이 모험을 감행하며, 실패를 두려워하지 말자. 실패를 배움의 기회로 여기자. AI는 정해진 틀 안에서 작동하지만, 플레이풀한 인간은 그 경계를 넘어 새로운 영역을 개척한다. 또한 플레이풀함은 인간관계를 더욱 풍성하게 만든다. 유쾌한 대화와 웃음은 서로를 더 가깝게 만들고, 경직된 분위기를 풀어준다. 이는 팀워크를 증진시키고, 직장 내 긴장을 완화하는 데 도움이 된다. AI가 대체할 수 없는 인간 고유의 관계를 만들어내는 것이다.

공감 능력과 플레이풀함이 결합되면, 시너지는 더 강력해진다. 타인의 감정을 이해하면서도 밝은 태도를 유지하는 사람은, 어떤 환경에서도 긍정적인 영향력을 발휘할 수 있다. 이는 AI 시대에 더욱 중요해질 인간만의 능력이다.

우리의 그리고 우리 자녀들의 내면에는 여전히 아이처럼 장난기 어린 영혼이 살아 숨 쉬고 있다. 내면의 아이에게 말을 걸어보자.

06
자신을 향한 인성, 내면의 풍요와 평화

자신을 향한 인간미

미래 사회에서 인간미를 찾아 헤매는 사람들을 상상해보자. 그런데 타인의 인간미로도 채우지 못하는 것은 어떻게 채워야 할까? 우리는 시선을 타인이 아닌 자신에게로 돌려볼 필요가 있다. 다음은 미래의 한 직장인의 이야기다.

　사람들은 맞춤형 AI 비서를 통해 하루 일과를 계획하고, 로봇이 만들어 가져다준 음식을 먹으며, 가상 현실에서 직장 사람들을 만난다. 쉬는 시간에는 AI가 큐레이션 해준, 가장 관심 있는 주제에 대한 영상을 잠깐 본다. 매우 효율적이고 빠르지만 점점 허전하다는 느낌을 받기 시작한다.

업무를 마치고 요즘 핫하다고 하는 카페를 가본다. 이곳의 특별함은 바로 AI가 아닌 인간 바리스타가 커피를 직접 내려주고 심지어 대화도 해주는 것이다. 더욱 재미있는 것은 이 카페에서는 고객 기분 맞춤형 커피를 내려준다는 것이다.

인간 바리스타에게 커피를 주문하면서 오늘의 기분이나 있었던 일에 대해 이야기한다. 바리스타는 이야기를 듣고 그 기억을 닮은 커피 한 잔, 기분과 감정에 어울리는 대화를 이어나간다. 기분에 따라 커피의 맛과 향, 잔의 모양까지 달라진다. 바리스타는 완성된 커피를 전달하면서 커피에 대해 설명해주고 위로나 축하를 전하기도 한다. 따뜻한 인간적 교감을 경험할 수 있는 이 카페는 AI가 제공할 수 없는 따스한 온기와 진정성 있는 소통을 찾아다니는 사람들로 북적인다.

과학과 기술은 우리의 삶을 풍요롭게 하고 많은 문제를 해결할 수 있지만, 따뜻한 대화 한마디와 진심에서 우러나오는 위로는 기술로 대체할 수 없을 것이다. 카페에 가면 바리스타가 당연히 사람인 상황은 아직 우리의 일상이다. 하지만 미래에는 이러한 인간적 교류마저 특별한 경험이 될지도 모른다. 그리고 이러한 타인과의 소통만으로는 채워지지 않는 공허함이 더 커질 수 있다.

 마음의 위안을 타인에게서만 찾는 데에는 한계가 있다. 진정한 충만함은 외부가 아닌 내면에서 시작되기 때문이다. 자기 이해와 자아 성찰을 통해 내면의 평화를 찾고, 스스로를 사랑하는 법을 배우는 것이 중요하다. 인간미는 타인과의 관계뿐만 아니라 자신과의 관계에서도 찾아야 한다. 자기 자신을 이해하고 받아들이는 과정에서 우리는 더 깊은 만족과 행복을 경험할 수 있을 것이다.

내면 상태는
세상을 경험하는 방식을 결정한다

우리는 추억을 만들기 위해 돈과 시간을 쓴다. 그런데 우리가 만들고 싶은 추억은 단순한 사건의 나열이 아니다. 추억은 우리 내면의 감정과 깊이 연결되어 있다. 예를 들어, 여행을 떠나 새로운 설렘을 느끼거나, 콘서트에 가서 음악으로 감동을 받는다. 인기 있는 레스토랑을 방문하여 기쁨과 만족감을 느끼기도 한다. 이는 의미 있는 경험과 긍정적인 감정을 얻기 위한 투자라고 볼 수 있다. 그때 느낀 감정은 오래도록 기억에 남는다. 감정은 우리의 기억을 더욱 생생하고 특별하게 만든다.

중요한 것은 이러한 감정을 느끼는 주체가 바로 '나' 자신이라는 것이다. 나의 마음 상태에 따라 같은 일도 다르게 느낄 수 있다. 누군가에게는 기쁜 일이 다른 사람에게는 평범할 수 있고, 누군가에게는 두려운 일이 다른 사람에게는 도전의 기회가 될 수도 있다.

우리의 내면 상태는 세상을 경험하는 방식을 결정한다. 행복할 때는 모든 것이 더 좋아 보이고, 마음이 평화로울 때는 세상이 더 아름답게 느껴진다. 이처럼 우리가 느끼는 감정은 내면과 깊이 연결되어 있다.

우리는 내면을 가꾸는 데 시간을 투자해야 한다. 마음의 평화가 우리 삶에 반영되어 더 아름답고 특별한 순간들을 만들어낼 수 있기 때문이다. 내면 가꾸기는 자신의 감정과 생각을 깊이 이해하고 받아들이는 과정으로, 자아 성찰, 명상, 일기 쓰기 등 다양한 방법을 통해 실천할 수 있다.

자신의 감정에 귀 기울이고 그 의미를 이해하기 위해 노력해보자. 나를 향한 이해와 사랑을 키우고, 타인에게 바라는 따뜻함을 나 자신에게도 베풀어보자. 외부의 자극에만 의존하지 말고 내면의 풍요로움으로 충만감을 느껴보자.

마음의 균형과 내면의 평화를 찾자

최근 AI 기술의 급속한 발전과 더불어 사람들의 힐링, 명상, 영성에 대한 관심도 증가하고 있다. 구글Google이나 애플Apple을 포함한 여러 기업에서 매년 최고의 명상 강사를 초청하기도 한다.

사람들이 삶의 의미, 목적, 존재의 근본적인 문제에 대한 답을 찾기 원하고 과학 기술이 가지고 온 편안함과 물질적인 풍요 속에서도 내면의 충만함과 평화를 찾고 싶어하기 때문일 것이다. 진정한 행복과 만족은 내면에서 비롯되고 사색과 영성 개발은 내면의 평화를 발견하고, 삶의 의미와 목적을 찾을 수 있도록 한다.

여기서 영성은 단순히 종교적 개념보다 넓은 개념이다. 영성을 개발하는 방법으로는 종교 활동, 명상과 마음챙김, 자연과의 공감 등 다양한 방법이 있을 수 있다. 어떤 방법이든 상관은 없지만 미래에 우리의 인간성을 보호하고 진정으로 평안하고 행복한 삶을 위해 영성 개발이 필요하다. 영성을 어떻게 개발해야 할지 모르겠다면 이것부터 한번 해보자. 일상에서도 영성을 충만하게 개발할 수 있다.

아침에 일어나 잠깐이라도 명상을 하면서 하루를 시작

하기 전에 마음의 평화를 찾아보자. 명상을 위해 어디 산골에 들어가거나 가부좌를 할 필요가 없다. 잠시 생각을 멈추고 그냥 호흡에 집중하면 된다. 종교가 있다면 기도를 할 수도 있을 것이다. 하루를 시작하면서 나의 신을 만나고 좋은 하루를 부탁하는 것이다. 명상이 아니라도 잠시 사색을 하고 행복을 느낄 수 있는 시간을 만들어보면 좋다. 좋아하는 음악 한 곡을 들으며 좋아하는 차를 마시면서 행복을 느껴보는 시간을 갖자. 그리고 오늘 하루를 행복한 시간으로 만들어보기로 하자.

학교를 가거나 출근을 할 때에는 잠깐이라도 자연을 걸어보자. 이 시간 동안 자연과의 연결을 느끼며, 일상의 번잡함에서 벗어나 자신의 내면과 대화를 해보자. 매일 할 수 없다면 또는 자연을 걸을 환경이 되지 않는다면 가끔씩이라도 자연 속을 산책하며 자연의 아름다움을 경험할 기회를 의도적으로라도 만들어보자. 자연과의 연결을 통해 영성을 개발할 수 있을 것이다.

업무 중에도 영성을 유지할 수 있다. 일과 중 스트레스를 받거나 타인과의 문제가 있을 때, 힘든 결정을 내려야 할 때마다 잠시 일을 멈추고 짧은 호흡 명상을 해보자. 가끔은 깊은 호흡을 통해 마음을 집중시키는 연습을 해보자.

직면하는 문제를 더 폭넓은 관점에서 바라볼 수 있고 더 창의적이고 윤리적으로 문제를 해결할 수 있을 것이다. 점심시간에는 감사의 마음을 가지고, 음식이 몸에 주는 영양과 에너지에 집중해보자. 집에 돌아오면 요가나 간단한 스트레칭이라도 한번 해보자. 이 시간 동안 일상의 긴장감에서 벗어나 영적으로 충전해볼 수 있을 것이다.

하루를 마감하기 전, 그날 있었던 일들을 돌아보며 감사 일기를 작성해보자. 사색하는 시간을 갖자. 그날 경험한 모든 순간, 특히 어려움 속에서도 발견한 긍정적인 측면에 대해 감사할 기회를 찾아보자. 이를 통해 삶에 대한 감사와 만족을 느끼며 내면을 더욱 풍요롭게 해보자. 종교가 있으면 기도를 하는 것도 좋다. 자녀들과 함께해보자.

기회가 된다면 영성 관련 커뮤니티나 종교 단체의 모임에 참여해보거나 정기적으로 봉사 활동에 참여하는 것도 도움이 될 것이다. 스티브 잡스도 새로운 문화 경험과 함께 영적인 지도자들을 만나기 위해서 인도로 떠난 경험이 있다고 한다. 잡스는 인도에서 여러 영적 수련 장소를 방문하여 요가와 명상을 깊이 탐구했다고 한다.

깊은 사유를 해볼 수도 있다. 얕은 생각 대신 철학자처럼 깊이 생각하면 마음의 평화를 얻을 수 있다. 문제의 근원을 파악하고, 삶을 더 넓은 맥락에서 바라볼 수 있게 된다. 깊은 사고는 우리가 일시적인 감정이나 상황에서 벗어나 큰 그림을 볼 수 있게 해준다.

예를 들어, 직장에서 승진을 못할 것 같아서 걱정하는 상황에 처해 있다고 하자. 얕은 생각은 '내가 승진을 못하면 어떻게 하지? 내 능력이 부족한 것 같은데, 혹시 이러다 해고되면 어쩌지?'라며 걱정만 하게 된다. 그러나 깊은 생각을 하게 되면 먼저 승진의 의미를 생각한다. '승진이 내 삶에서 정말 중요한가? 내가 일을 하는 진정한 이유는 무엇인가?' 그리고 현재 상황을 객관적으로 분석해보고 장기적 관점에서도 살펴본다. 자신의 성장에도 초점을 맞춘다. 이렇게 깊이 생각하면 승진 자체보다 자신의 성장과 행복이 더 중요하다는 것을 깨달을 수 있게 될 것이다. 걱정 대신 최선을 다하며 기분 좋게 자기계발에 집중하기로 마음먹고 마음의 평화를 얻을 수 있을 것이다.

이런 방식으로 깊이 생각하는 연습이 필요하다. 문제의 본질을 이해하고 더 넓은 시각에서 해결책을 찾아보는 연습을 해보고 자녀들에게도 가르쳐주자.

영성 개발은 자신을 향한 인성을 키우고, 세상을 다르게 보는 눈을 갖게 한다. 이를 통해 작은 것들의 아름다움을 발견하고, 자존감을 높이며, 내면의 평화를 찾을 수 있다.

일상 속에서 당신은 어떤 순간에 가장 평화롭고 충만함을 느끼는가? 이러한 경험을 어떻게 더 자주 만들어낼 수 있을까?

Jieun's insight

- AI의 가치와 본질을 이해하고, 효과성을 고려하여 현명하게 활용하자.
- "X + AI + HC _{Human Competencies} + U _{Uniqueness} 인재"가 되어서 자신의 능력과 가능성을 확장하자.
- 자신의 고유한 경험, 감성, 도덕성 그리고 철학적 사고를 더해 AI를 보완하자.

3장

AI 주도력으로 슈퍼파워와 행복 갖기

01

시선을 AI가 아닌 AI를 활용하는 인간에게로 옮겨보자

AI의 부정적인 측면

어느 날 갑자기 회사에서 'AI가 당신의 일을 대체할 예정이니 퇴사하라'고 통보받는다면 어떤 기분이 들까? 취업 준비생이라면, 지금까지 열심히 공부한 것을 AI가 더 잘할 수 있다는 걸 알게 된다면 어떻게 대처할 수 있을까?

이런 질문에 "그런 일이 당장 일어나겠어?"라고 반응할 수 있다. AI의 영향력을 과대평가할 필요가 없다고 할 수도 있다. 그런데 이러한 변화는 이미 우리 주변에서 일어나고 있으며, 기술 발전의 속도를 고려하면 우리의 예상보다 훨씬 빨라질 수도 있다.

"나쁜 AI가 인간의 행복을 파괴하고 다닌다면 어떻게 해야 할까?" 이 질문에 "AI를 인간이 만들었는데 나쁜 짓을 하면 꺼버리면 되지"라고 말하는 사람도 있을 것이다.

그러나 이 문제는 생각보다 복잡하다. 앞으로 등장할 AI는 단순한 도구를 넘어선 존재가 될 것이기 때문이다. AI가 자체적으로 학습하고 발전하여 우리의 예측을 뛰어넘는 행동을 한다면 나쁜 AI가 되어도 막기가 힘들 수 있다.

AI의 긍정적인 측면

너무 비관적인 전망이라면 반대로 낙관적으로도 생각해보자. AI는 인간의 일자리를 빼앗는 것이 아니라 노동 방식을 변화시킬 것이다. AI가 우리의 업무 시간을 줄이거나 더 효율적으로 일할 수 있게 도와주고, 반복적이고 힘든 일을 대신함으로써 인간은 더 창의적이고 의미 있는 일에 집중할 수 있게 되기도 한다. 가족이나 친구들과 더 많은 시간을 보낼 수 있고, 더 재미있는 일을 하면서 살 수 있게 할 수도 있다. 실제로 최근 ChatGPT나 클로드Claude와 같은 생성형 AI만 활용해도 보고서, PPT, 데이터 분석 작업 등 다양한 작업에서 시간을 절약할 수 있다.

AI는 경제적 제약이나 개인 능력의 한계로 인해 실현하지 못했던 꿈을 이룰 수 있게 도와주는 강력한 도구가 될 수도 있다. 예를 들어, 음악 프로듀서를 꿈꿨지만 여러 가지 이유로 꿈을 포기해야 했던 사람을 생각해보자. 이제 그 사람은 AI를 활용해 작사와 작곡을 할 수 있고, 심지어 AI 기술로 만든 가상 가수를 통해 자신만의 독특한 음악 스타일을 구현할 수 있다.

하지만 AI의 영향에 대해서는 여전히 의견이 분분하다. AI 전문가들과 관련 기업의 CEO들조차도 AI의 미래에 대해 확신하지 못하고 있다. AI가 가져올 변화에 대해 낙관적인 시각과 비관적인 시각이 공존하고 있다.

AI를 활용하는 인간에 주목하자

효율적 이타주의Effective Altruism는 자원을 최대한 효율적으로 사용하여 세상에 긍정적인 영향을 미치는 것을 목표로 한다. 이 사상은 실리콘밸리에서 유행했으며, 신봉자들도 많았다. AI가 너무 빠르게 발전되면 문제가 발생될 것이기 때문에 발전 속도를 늦춰야 한다고 주장한다. OpenAI의 창업자이자 CEO였던 샘 알트만Sam Altman이 일시적으로 퇴출되었던 이유 중 하나라고 전해지기도 했다.

한편 효율적 발전주의Effective Accelerationism는 기술 발전을 적극적으로 촉진하고 사회와 경제의 변화를 가속화하여 더 나은 미래를 만들어가는 것이 목표다.

AI 발전에 관해서 효율적 이타주의와 효율적 발전주의의 입장은 조금 다르다. 둘 다 세상에 긍정적인 변화를 만들기 위한 방법론을 제시하지만, 접근 방식과 우선순위에서는 차이가 있다. 효율적 이타주의는 문제해결에 좀 더 중점을 두는 반면, 효율적 발전주의는 AI를 포함한 기술 발전을 통해 미래의 가능성을 최대화하는 데 더 중점을 둔다.

두 사상 중 무엇이 맞고 틀린지와 상관없이 둘 다 우리가 어떻게 살아야 할지, 그리고 어떤 선택을 해야 할지에 대한 인사이트를 준다.

효율적 이타주의에서는 우리가 AI를 개발하거나 활용할 때 부정적 영향을 최소화하고 인간의 행복을 염두에 두어야 한다는 것을 배울 수 있다. 효율적 발전주의에서는 우리의 시야를 좀 더 미래로 향하게 할 수 있다. 발전하는 AI 기술을 통해 우리의 삶을 개선하고, 새로운 기회를 창출할 방법도 생각해볼 수 있다.

AI의 긍정적 측면과 부정적 측면을 균형 있게 고려하면서, 이제는 시선을 AI 자체가 아닌 AI를 사용하는 인간에게로 옮겨보자. AI를 사용하는 인간의 변화가 가장 중요하다는 점을 염두에 두어야 한다. AI의 성능이 아무리 좋아져도 그것을 인간이 사용하지 않으면 소용없는 것과 비슷하다. 기업에서 아무리 AI 교육을 제공해도 직원들이 AI를 받아들이고 적극적으로 활용하려는 의지가 없어서 효과가 제한적인 것을 종종 볼 수 있을 것이다.

이제 AI를 활용하는 인간이 AI 시대에 맞게 변화해야 한다. 윤리의식과 책임감을 갖고, AI의 능력을 이해하고 이를 효과적으로 활용할 수 있어야 한다. 단순히 AI를 많이 사용하는 것이 아니라, 각 상황과 목적에 가장 적합한 AI를 선별하여 활용하는 능력도 중요해졌다. 동시에 AI와 협업하면서도 인간만의 고유한 가치를 발휘할 수 있는 창의성, 감성, 문제해결력 등을 계발해야 한다. 이를 통해 AI와 함께 진화하여 더 나은 미래를 만들어나갈 수 있을 것이다. 부정적 영향이든, 긍정적 영향이든 AI가 우리 사회에 미치는 영향과 크기는 이를 개발하고 활용하는 우리 인간에 달려 있다.

02

AI의 목적은 '인간의 행복'이어야 한다

AI의 활용 목적에 대해 생각해보자

AI 하면 무엇이 떠오르는가? 중요성은 알겠지만 아직은 '나'와 크게 상관없는 것? 인간의 일자리를 빼앗는 것? 공상과학 영화에 나오는 로봇과 같이 여러 가지 문제를 일으키는 것? 아니면 빅스비Bixby나 시리Siri 같은 것?

많은 사람들이 'AI'라고 하면 기술적 측면, 기술의 이해나 활용, 단순한 도구로서의 AI를 떠올린다. 대학생이라면 ChatGPT와 같은 생성형 AI를 한두번은 활용해보았을 것이다. 텍스트, 이미지, 소리, 영상과 같이 여러 유형의 데이터를 동시에 처리하고 이해할 수 있는 멀티모달 모델

Multimodal Model AI를 활용해본 사람들도 있을 것이다. 직장인들 중에도 보고서 작성이나 브로슈어 작성, 인사말 작성 등을 위해 활용해본 사람들이 있을 것이다. AI를 직접 사용해본 사람들은 'AI'라는 단어를 들을 때, 주로 자신이 경험한 범위 안에서 AI 기술을 떠올리게 된다.

얼마 전까지만 해도 AI의 기술 자체와 사용 방법에 관심이 주로 집중되어 있었다. 서점에 가보면 AI, ChatGPT, 생성형 AI 키워드의 책들이 넘쳐나는데, 이들은 대체로 새로운 AI의 소개와 이해, 사용 방법에 대해 설명하고 있다. 교육 현장에서도 '왜' 사용해야 하는지, '활용 효과'가 과연 있는지보다 활용 그 자체에 의미를 두는 경우가 많았다.

이런 현상은 AI뿐만 아니라 다른 새로운 기술들에서도 볼 수 있었다. 예를 들어, 어떤 교사들은 메타버스Metaverse로 가상의 교실을 만드는 데 많은 시간을 들이지만, 실제로 학생들의 학습에 도움이 되는 정도는 그리 크지 않은 경우도 있다. 다른 에듀테크Edu-Tech 도구들을 사용할 때도 마찬가지다. 여러 가지 새로운 도구를 이것저것 사용하지만, 실제 교육 효과는 그리 크지 않은 경우가 있다. 에듀테크 사용법에 집중하느라 학습 내용에 집중을 하지 못해서 오히려 역효과가 나는 경우도 있다. 이렇게 새로운 기술을 사용하는 이유가 단순히 "멋져 보여서" 또는 "디지털 시대니까 당연히 해야 한다"여서는 안 된다. 사용의 목적, 예를 들어 동기부여인지, 시공간 확대인지, 데이터 확보인지를 확실히 알아야 한다.

능력 있는 에듀테크 전문가나 교사는 새로운 기술을 도입할 때 항상 교육적 목표와 학습자의 필요를 우선으로 고려한다. 단순히 기술을 사용하는 것에 목적을 두는 것이 아니라, 그 기술이 어떻게 교육 목표 달성에 기여할 수 있는지를 면밀히 분석한다. 다양한 에듀테크 도구들 중에서 목표와 상황에 가장 적합한 것을 선별하여 사용하며, 그 효과를 모니터링하고 평가한다. 또한 인간 교육자의 역할과 가치를 항상 인식하고 기술에 매몰되지 않도록 한다. 이런 균형 잡힌 접근 방식을 통해 에듀테크 전문가나 교사는 기술의 장점을 최대한 활용하면서도, 인간 중심의 교육을 유지하며 실제 교육 현장에서 의미 있는 변화와 개선을 이끌어낸다. 이제 우리는 AI도 이렇게 적용해야 할 것이다.

사용하기 편한 AI가 빠른 속도로 개발되고 있다. 앞으로는 말로만 명령하면 되는, 더욱 사용하기 쉬운 AI가 계속해서 새롭게 등장할 것이다. 기술의 진보와 함께 AI를 활용하는 사람들도 더욱 늘어날 것이다. 종류도 많아질 것이다. AI를 직접 사용하지 않더라도, 모르는 사이에 AI의 영향을 받는 상황이 지금보다 훨씬 많아질 것이다.

개인적으로는 AI 활용의 명확한 목적과 방향성을 설정하는 것이 중요하다. AI를 무분별하게 사용하는 것이 아니라, 자신의 업무나 목표에 맞춰 적재적소에 효과적으로 활용해야 한다. 교사들의 경우, AI를 수업에 무조건적으로 도입하기보다는 교육 목표와 학생들의 필요에 맞춰 어떤 AI 도구를 어디에 활용하면 가장 효과적일지 신중히 고려해야 한다. 단순히 AI 사용량을 늘리는 경쟁이 아니라, 교육의 질을 높이고 학생들의 학습 효과를 높이는 데 초점을 맞추어야 하는 것이다.

이제는 AI 사용 자체에만 초점을 맞추는 것에서 벗어나, 그 가치와 본질에 대해 깊이 생각해볼 때다. 효과적인 AI, 윤리적·사회적 책임을 다하는 AI, 인간의 능력과 시너지를 내서 더 나은 개인과 사회를 만드는 AI 개발과 활용에 초점을 맞추어야 한다.

그리고 우리는 AI의 리더로서 AI와 어떻게 협력하여 살아가야 하는지, 우리의 행복을 위해 어떻게 AI를 활용할 수 있는지에 관심을 가져야 한다. 이것이 AI 시대를 살아가는 우리의 새로운 과제다.

나쁜 AI를 막기 힘든 이유

영화 〈터미네이터Terminator〉 시리즈에 등장하는 스카이넷 Skynet은 나쁜 AI를 상징하는 AI 슈퍼 컴퓨터다. 스카이넷은 인류를 위협으로 간주하여 인류 멸종을 목표로 한다. 영화 〈2001: 스페이스 오디세이2001: A Space Odyssey〉에서 AI 컴퓨터 할HAL은 감정이 없는 듯한 목소리를 가지고 있으며, 인간의 목숨보다 목표 달성을 우선시하는 AI의 위험성을 보여준다.

스카이넷이나 할과 같은 나쁜 AI는 영화 속에만 있지 않다. 지금 우리 곁에도 존재한다. AI가 우리 생활에 많은 혜택을 가지고 온 것은 사실이지만 동시에 예상치 못한 윤리적 문제들도 야기하고 있다. 대표적인 예로, 딥페이크 Deepfake 기술을 들 수 있다. 딥페이크는 AI를 활용해 인간의 이미지를 합성하는 기술이다. 과거에는 인물 사진이나 영상을 합성하면 가짜인 티가 많이 났지만, 디지털 기술과 인공지능의 발전으로 진위를 판별하는 것이 어려울 정도가 되었다. 그러다 보니 AI 기술이 부정적인 목적으로 사용되고, 개인의 사생활 침해와 가짜 뉴스의 확산과 같은 심각한 윤리적 문제들을 일으키게 되었다. 주로 정치인과 유명인이 타깃이 되지만 누구든 실제로 하지 않은 행동을 하거나 발언을 한 것처럼 조작하고 유포할 수 있다. 그렇게 되면 대중은 무엇이 진실이고 거짓인지 판별하기 어렵게 되는 것이다.

미국의 재범 예측 프로그램 콤파스COMPAS의 경우에는 범죄 전력, 범죄자 성향, 태도 등을 바탕으로 재범 위험성을 평가한다. 그런데 콤파스가 백인보다 흑인의 재범 위험률을 높게 보는 경향이 있다는 비판이 제기되어 논란이 되고 있다. 만약 그것이 사실이라면, AI가 인간에게 인종차별을 가할 가능성이 있는 것이다.

AI가 목적 달성에만 목표를 두고 스스로 나쁜 일을 할지도 모른다. AI가 강화학습으로 스스로 배운다고 해보자. 예를 들어, AI가 방탈출 게임에서 출구를 찾고 있다. 처음에는 그냥 여기저기 돌아다니다가 출구를 찾아서 보상을 받았다. 게임을 반복할수록 실력이 늘어서 출구를 빨리 찾게 되었다. 이때 출구를 더 빠르게 찾을 수 있는 새로운 변수가 등장한다. 그러려면 물건을 파손해야만 한다. AI가 오직 보상만을 목표로 두고 물건을 파손하면 안 된다는 규칙을 모른다면 물건을 파손하더라도 출구를 더 빠르게 찾으려고 할 것이다. 이렇게 되면 AI가 목적 달성을 위해 인간에게 해를 입힐 수도 있다.

만일 AI가 나쁜 행동을 하면 인간이 개입해서 막는 방법을 생각하겠지만 쉽지 않을 수도 있다. AI 시스템, 특히 딥러닝의 경우 내부 작동 방식이 매우 복잡하고 예측하기 어렵다. 수백만 개의 매개변수와 수많은 상호작용을 통해 작동하기 때문에 특정 결과가 어떻게 도출되는지 이해하기 어려울 때가 많다. AI가 어떤 행동을 할지 사전에 예측하고 통제하는 것이 어려운 이유다. '블랙박스 문제'black box problem라고도 알려진 이 문제는 심각한 결과를 초래할 수 있다. 예를 들어, 자율주행 자동차의 경우 자동차가 사고를 내면 무엇이 잘못되었는지, AI 시스템이 왜 그런 결정을 해서 사고를 냈는지 파악이 어려울 수 있다. 최근 설명 가능한 AI에 대한 연구를 진행하고 있지만 해결해야 할 문제가 아직도 많다.

AI 특이점Artificial Intelligence Singularity은 AI가 인간의 지능을 뛰어넘어 자율적으로 진화하고 발전할 수 있는 시점을 의미한다. 특이점이 오면 AI는 인간이 통제하기 힘들 정도로 급격하게 발전하게 된다. 현재 AI는 대부분 인간이 설계하고 프로그래밍한 알고리즘에 따라 작동한다. 그러나 특이점 시기에는 AI가 스스로 학습하고 효율화하며 개선하는 능력을 갖게 된다. 때로는 인간이 의도하지 않은 방법으로 이루어질 수도 있다.

이 밖에 데이터가 불완전하거나 편향되어 있어서 AI가 잘못된 결론을 내리거나 바람직하지 않은 행동을 할 수도 있다. 이러한 상황에서 AI가 잘못된 결정이나 행동을 하기 전에 인간이 개입하기는 어렵다.

어쩌면 인간이 의도적으로 특정 목표를 극단적으로 달성하도록 AI 시스템을 설계할지도 모른다. 경쟁 상황에서 상대방을 이기기 위해 비윤리적이거나 불법적인 방법을 사용하도록 설계될 수도 있다는 것이다. 경제적·정치적·법적 이익이 얽혀 있는 경우, 사람들은 AI의 문제점을 알고도 이를 무시하거나 적극적으로 개선하지 않을 수 있다.

인간 중심 AI 개발이 필요하다

인더스트리 5.0 Industry 5.0은 인간의 창의력과 기술을 결합하여 제조 및 산업 분야에서 효과성을 높이는 것에 초점을 맞춘다. 로봇은 인간의 일을 더 빨리 잘하도록 돕고 인간이 로봇과 옆에서 나란히 일하는 것을 상상하면 될 것이다.

에듀케이션 5.0Education 5.0 역시 인간과 기계가 공존하는 환경에서 학습자의 인간적인 부분을 강조하며, 윤리적·사회적 책임감을 갖춘 인재 양성을 목표로 한다. 즉 기술과 인간성의 균형을 중시하는 것이다. 기술을 혁신하고 사용하는 것도 중요하지만 인간의 행복도 증진하는 것이 목표다.

인더스트리 5.0과 에듀케이션 5.0의 핵심은 로봇이나 AI가 아닌 '인간'이 주인공이라는 것이다. 또한 인간이 첨단 기술 및 AI와 함께 효율적으로 협업하면서 더 좋은 방향으로 시너지를 내는 것이라고 말할 수 있다.

2020년 로마교황청은 AI의 윤리적 사용에 대한 백서 '로마 콜'Roma Call을 발표했다. 로마 콜은 AI의 발전이 인류에게 많은 혜택을 가져다줄 수 있다고 전망하는 동시에 새로운 윤리적·사회적 도전을 제기한다고도 밝힌다. 따라서 AI의 개발은 인간에 초점을 두고 이뤄져야 한다고 강조한다. 즉 "모든 이와 인류 전체에 봉사하는 AI 개발"과 함께 인간을 대체하는 것이 아니라, 인간의 능력을 보완하고 확장하는 수단으로 활용되어야 함을 강조하고 있다.

AI의 발전으로 인한 유토피아적 미래와 디스토피아적 미래 중 하나를 선택하는 것은 인간이다. 어떤 미래를 맞이할 것인지는 우리 인간에게 달려 있는 것이다. AI를 뛰어난 능력을 가졌지만 조직의 문화와 방향성에 대한 이해가 부족한 신입사원으로 생각해보자. 우리의 역할은 이 신입사원이 조직과 사회에 긍정적인 영향을 미칠 수 있도록 안내하고 방향을 제시하는 것이다. AI를 개발하거나 활용할 때 우리는 항상 '인간 중심'의 관점을 유지해야 한다.

우리는 지속적으로 자문해야 한다. "이 AI 기술의 사용이 인간 중심인가?" 이를 통해 AI의 발전이 인류의 행복과 발전에 기여하도록 할 수 있을 것이다.

03

X + AI + HC + U
인재가 되자

AGI 시대가 다가오고 있다

AI의 개발은 꾸준히 진행되고 있었지만, 일반 대중이 이를 직접 경험하거나 느끼는 것은 쉽지 않았다. 구글 딥마인드 DeepMind가 개발한 알파고 AlphaGo가 바둑 게임에서 인간 챔피언을 이겼을 때에도 실감을 못했다. IBM의 인공지능 왓슨 Watson이 2011년에 열린 퀴즈쇼 〈제퍼디! Jeopardy!〉에서 우승하면서 대중에게 알려졌을 때에도 마찬가지였다. AI의 기술적 능력을 증명하는 중요한 사건이었지만, 이 성과가 직접적으로 자신에게 영향을 미치지 않았기 때문이다.

그러다가 ChatGPT의 등장과 함께 AI가 일반 사람들에게 가까이 오게 되었다. ChatGPT는 2022년 11월 출시

된 OpenAI의 대화형 AI 모델이다. 인간끼리 하는 말을 뜻하는 '자연어'natural language 처리 능력이 뛰어나다. 쉽게 말해서 사람에게 말하듯 기계인 AI에게 말하면 되는 것이다. 텍스트 생성, 질문 응답, 창작, 코딩 등을 척척 해낸다. ChatGPT는 공개된 지 일주일 만에 사용자 100만 명이 넘으면서 엄청난 관심을 끌었다.

출시 일주일 만에 100만 명을 돌파한 것은 디지털 서비스 분야에서 비교적 드문 현상이다. 다른 유명한 디지털 서비스와 비교해보면 이해하기가 쉽다. 1997년에 설립되어 DVD 대여 서비스로 시작한 넷플릭스Netflix의 경우 스트리밍 서비스로 전환한 후에도 사용자 수가 빠른 속도로 증가하지 못했다. 초기 몇 년간은 사용자 수가 천천히 성장했다. 2007년 이후에야 빠르게 증가하기 시작해 백만 사용자를 확보하는 데 3년이 넘게 걸렸다고 한다. ChatGPT의 사용자는 두 달 만에 1억 명이 되었다. 2023년 2월에는 《타임》의 표지 모델이 되기도 했다. 그런데 이것은 시작에 불과했다. 오픈AI의 ChatGPT-4o, 마이크로소프트의 코파일럿Copilot, 앤스로픽Anthropic의 클로드 3.5 소네트Claude 3.5 Sonnet를 포함하여 성능 좋은 AI가 빠른 속도로 등장하고 있다.

생성형 AI 외에도 우리의 일상과 삶을 좀 더 편하고 즐겁게 해줄 수 있는 AI도 많다. AI 기술이 탑재된 네이게이션은 교통 상황을 고려해 최적의 경로를 제안하고, 일정을 효율적으로 계획할 수 있도록 도와준다. 넷플릭스와 같은 서비스는 사용자의 선호도를 학습하여 개인화된 영화, TV 프로그램, 음악 추천을 제공한다. 이러한 맞춤형 콘텐츠는 자신이 좋아하는 것을 쉽게 볼 수 있도록 하여 여가 시간을 더욱 즐겁게 만들어준다. AI 추천 서비스는 사용자의 이전 여행 기록과 선호도를 분석하여 맞춤형 숙소를 추천해주기도 하고, AI가 심박수와 수면 패턴, 활동량을 추적하고 데이터를 분석해 조언해준다. AI 청소기가 집 안을 기억하여 효과적으로 청소를 해주기도 한다. 이미 우리의 라이프스타일은 많이 변화했고 AI는 지금도 매우 빨리 진화하고 있다.

생성형 AI의 성능은 훨씬 더 좋아질 것이다. 더 나아가 앞으로 ChatGPT와 같은 생성형 AI와 로봇이 결합된다고 가정을 해보자. 우리가 로봇과의 대화만으로도 만들고 싶은 것을 만들 수 있는 세상이 올 수도 있다. 예를 들어, "오늘 내가 락 콘서트에 가려고 하는데 컨셉에 맞는 옷을 만들어줘. 색상은 검정색과 금색으로 해주고 박시boxy하게 만들어줘"라고 한다. 그러면 그 내용을 바탕으로 디자인을 바로 해줄 수도 있는 것이다. 옷뿐만 아니라 가구도 만들고 집도 지을 수 있을 것이다.

그럼 AI가 인간이 명령하는 일만 할까? 최근에는 향후 10년 이내에 AGI Artificial General Intelligence 시대가 올 것이라 전망하는 전문가들이 많다. AGI는 범용성과 자율성을 갖춘 인공지능으로 보통 '범용 인공지능'이라고 불린다. 추론 능력과 스스로 학습하는 자율성이 있어서 지식을 쌓고 문제를 해결하는 것이 가능하다. AGI를 인간을 뛰어넘는 초지능 AI로 가는 단계로 보기도 한다.

영화 〈아이언 맨 Iron Man〉에서 토니 스타크가 만든 AI '자비스' J.A.R.V.I.S.는 스타크의 조수 역할을 하면서, 다양한 정보를 제공하고 의사 결정도 도와준다. 자비스는 자신을 만든 스타크의 명령에 따라 움직이지만 스스로 상황을 분석하고 판단까지 할 수 있다. 영화 〈빅 히어로 6 Big Hero 6〉의 로봇 '베이맥스' Baymax는 사람들의 건강과 안전을 돌보는 로봇으로, 환자의 건강을 모니터링하고 적절한 의료 조치를 제공한다. 심지어 친근하고 배려 깊은 성격으로, 사람들에게 위안을 주기도 한다. 이런 로봇을 머지않은 미래에 만날 수도 있는 것이다.

미국 라스베이거스에서 열린 세계 최대 정보기술·가전 전시회 'CES 2024'에서 우리나라의 삼성전자는 '볼리'Ballie를, LG전자는 '스마트홈 AI 에이전트'를 소개했다. 영화 속 스타크의 AI '자비스' 정도는 아니지만 집사 기능을 하는 AI의 개발이 시작되었다고 할 수 있다. 볼리는 자율주행을 하며 집 안 곳곳을 인식하고, 어린이와 노인, 반려동물의 도우미 역할을 한다. 멀리 있는 가족에게 영상을 보내 소통을 돕기도 하고 사용자에게 음악을 틀어주거나 업무를 도와주는 비서 역할도 한다. 스마트홈 AI 에이전트 역시 자율주행이 가능하다. 집 안에서 만능 가사 도우미 역할을 수행하는 것을 목표로 하고 있다.

앞으로 본격적인 AGI 시대가 오면 인간이 따로 기계를 작동시킬 필요 없이 AI가 알아서 적절한 시기에 빨래와 청소 등 집안일을 해줄 것이다. 가사 노동에서 진정으로 해방될 수 있는 시기가 올 수도 있다.

하이브리드 지능 시대, 인간과 AI의 시너지

AI는 인간의 지능도 확장시킬 수 있다. 인간의 타고난 지능과 AI의 능력이 결합된다면 인간의 지능만으로는 오래 걸릴 일을 빠르게 수행할 수 있고, 지금까지 인간이 하지 못했던 일을 할 수도 있다.

그럼 AI가 인간보다 잘하는 것은 무엇일까? AI가 잘하는 일 중 대표적인 것은 대량 데이터 처리 및 분석이다. AI는 엄청난 양의 데이터를 신속하게 처리하고 분석할 수 있다. 또한 AI는 이미지, 음성, 언어 등 다양한 형태의 데이터에서 패턴을 인식하는 것도 잘한다. 무엇보다도 AI는 지루하거나 반복적인 작업을 수행하는 데 있어 인간보다 훨씬 효율적이다. 동일한 작업을 지치지 않고 반복하여 수행할 수 있으며, 오류의 가능성을 최소화한다.

비즈니스에서는 경험이 많은 전문가나 데이터 분석에 능숙한 사람들에게 비즈니스 의사 결정을 의존해왔다. 그런데 이제는 데이터 분석 및 예측 모델링 AI가 복잡한 데이터를 분석하고 인사이트를 추출해주기도 한다. 이외에도 시장 동향을 예측해 전략적 비즈니스 결정에 도움을 주기도 한다.

의료 분야에서는 의사들이 AI를 활용해 환자의 진단 데이터를 분석하고, 그 결과를 바탕으로 더욱 정확한 치료 방향을 결정할 수도 있다. IBM이 개발한 의료 AI의 효시라고 할 수 있는 닥터 왓슨Watson의 경우에도, 데이터가 좀 더 보강되고 윤리적인 부분이나 법리적인 부분에 대한 해결만 된다면 의료 분야에서 AI 의사의 도입이 가능할 수도 있다는 것을 보여주었다. 언젠가는 모두가 AI 개인 주치의를 가질 수도 있을 것이다.

교육 현장에서는 교사가 학생들의 학습 데이터를 분석하여 학습자들에게 효과적인 지도를 할 수도 있다. 학생들의 학습 데이터를 분석하여, 각 학생의 학습 스타일과 속도에 맞는 학습 자료와 문제를 제공한다. 교수나 교사는 이 데이터를 활용하여 학생들의 학습 진행 상황을 모니터링하고, 개인화 학습을 지원하게 된다.

법률 분야에서도 AI가 대량의 법률 데이터를 분석해줄 수 있다. AI는 변호사들이 사건에 대한 관련 법률 정보를 빠르게 찾을 수 있도록 돕고 있기도 하다. 이를 통해 변호사는 전략적 판단에 더 많은 시간을 할애할 수 있다.

일부 금융 정보 제공업체는 AI로 글로벌 시장 데이터를 실시간으로 분석하고, 이를 통해 투자자들이 빠르고 정확한 투자 결정을 내릴 수 있도록 지원한다. 이러한 시스템은 대량의 데이터를 빠르게 처리할 수 있을 뿐 아니라 인간 투자자가 간과할 수 있는 패턴이나 기회를 찾아내는 데 도움을 줄 수도 있다.

인간의 고유 영역으로 여겨졌던 창의성 분야에서도 최근 AI 기술의 발전으로 진전이 이루어지고 있다. AI는 이제 방대한 데이터를 학습하고 패턴을 분석하여 인간의 창의적 능력을 보완하고 확장시키는 역할까지도 한다. 예를 들어, AI는 수많은 디자인을 학습하여 새로운 그림을 그리거나, 음악 데이터를 학습하여 작곡을 할 수도 있다. 최근 권한슬 감독이 제1회 두바이 국제 AI 영화제에서 〈원 모어 펌킨One More Pumpkin〉으로 대상을 차지했다. 이 영화는 이백 살 넘게 장수하는 한국 노부부의 이야기를 담은 미스터리 공포 영화로, 제작 기간 단 며칠 동안 영화의 모든 장면은 AI만으로 만들어졌다고 한다.

BMW는 AI와 인간 디자이너의 협업 디자인을 선보이기도 했다. AI가 수많은 디자인 시안을 빠르게 만들어내면 인간 디자이너는 시안에 대한 평가와 피드백을 한다. AI는 피드백을 바탕으로 다시 새로운 디자인을 생성하는 방식으로 협업했다. 이를 통해 기존보다 몇 십 배 빠른 속도로 다양한 디자인을 만들어낼 수 있었다. 이처럼 인간과 AI가 상호보완적인 관계를 맺으며 '인간과 AI의 시너지'를 통해 전에는 불가능했던 성과를 이루어내고 있다.

'X+AI'로 AI를 다양한 분야 X에 적용하여 효율성을 높이고 혁신적인 변화를 가져오자. 여기서 'X'는 의료, 금융, 교육 등 다양한 분야가 될 것이다. X+AI 인재가 되자. 자신의 지능을 뛰어넘는 증강 지능을 가진 인재가 되어보자. 무언가를 하고 싶었지만 때로는 타고난 능력이나 지능의 한계로 인해 그 꿈을 접어야 할 때도 있었을 것이다. 하지만 이제 AI와 협업하고 자신의 지능과 능력을 증폭하여 이러한 한계를 극복할 수 있다. 즉 원하는 분야로 진입이 가능하다.

더 중요한 것은 여기서 그치지 않고 자신만의 역량과 특별함을 결합하여 발전시키는 것이다. 'X+AI+HC+U 인재'가 되자. HC는 'Human Competencies'의 약자로, 융합 역량, 창의 역량, 문제해결 역량 등과 같은 인간이 가지고 있는 역량이다. 'U'는 'Uniqueness'로, 각 개인의 고유한 특성, 재능, 경험, 철학, 스토리 등을 의미한다. AI와의 협업을 통해 자신의 능력을 증폭시키는 동시에 자신만의 역량, 고유한 가치와 특별함을 유지하고 발전시키자. AI와의 협업을 통해 단순히 꿈의 진입 장벽을 허무는 것을 넘어서, 자신만의 역량, 감성과 특별함을 더하고 세상에 알려서 목표하는 꿈을 이루자. 그리고 우리의 아이들이 이런 인재가 될 수 있도록 교육하자.

AI 리터러시와 디지털 시민성

한글이 세상에 나왔을 때 사람들의 삶은 크게 변했다. 그런데 모든 이들이 혜택을 누릴 수 있었던 것은 아니었다. 글을 깨우치지 못한 사람들은 오히려 더 큰 어려움과 계급의 차이를 느끼게 되었다. 문서나 편지 등을 스스로 읽을 수 없어 타인의 도움을 받아야만 했다. 생활의 불편함 외에도 자신의 권리를 주장하거나 억울함을 풀기도 어려웠다. 그래서 한글을 독학하기 위해 노력하는 사람들도 있었다. 밤늦도록 지친 몸을 이끌고 공부를 이어가며, 하나의 글자라도 더 깨우쳐 불이익이 없는 삶을 살고자 했다.

이제는 새로운 시대의 언어가 나타났다. 한글과 마찬가지로, 그리고 매번 새로운 기술이 등장했을 때와 마찬가지로 처음에는 그것을 사용하는 일부 사람들이 어떤 기회를 제공받고 혜택을 누리는 것에 초점이 맞춰진다. 그런데 시간이 지나면 그것을 모르는 사람이 불이익을 받게 된다. 그래서 우리는 'AI 리터러시'를 배우고 익혀야 한다. AI 리터러시literacy란, AI 기술을 이해할 뿐 아니라 이를 효과적으로 사용할 수 있는 능력을 말한다.

한동안 '디지털 리터러시'라는 용어가 교육계와 IT 업계에서 화두였다. 그런데 이제는 디지털 리터러시를 넘어 '디지털 시민성'이 강조되고 있다. '시민성'은 일반적으로 개인이 사회나 공동체 내에서 가지는 권리와 의무를 포함하는 개념으로 이해된다. 디지털 기술의 급속한 발전에 따라 이 개념이 확장되어 '디지털 시민성'이라는 새로운 용어가 등장했다. 디지털 시민성은 온라인과 오프라인 환경에서 개인이 책임감 있고 윤리적으로 행동하는 것을 의미한다. 이제 AI 리터러시뿐 아니라 디지털 시민성을 개발, 실천하고 교육하는 것 또한 우리의 중요한 과제가 될 것이다.

X+AI+HC+U 인재가 되기 위한 자기컨설팅

AI를 활용하여 극복하고 싶은 개인적인 한계는 무엇인가? 'X + AI + HC Human Competencies + U Uniqueness 인재'가 되기 위해 무엇을 해야 할까? 또한 AI 리터러시와 디지털 시민성을 높이기 위해 어떤 노력을 할 수 있을까? 스스로 질문하고 답하고 행동해보자.

자기 컨설팅의 관점에서 미래를 설계해보자. 먼저, 목표를 정한다. 그다음, 자신의 강점과 약점을 객관적으로 파악한다. AI를 활용하여 약점을 보완하고 강점을 더욱 강화할 방법을 모색한다. 강점과 약점을 분석하는 다양한 도구가 있고 전문가의 도움을 받을 수도 있겠지만, 본인이 스스로 파악할 수 있는 능력을 기르는 것이 중요하다. 마치 능력 있는 컨설턴트가 강점과 약점을 정확히 파악하고 적절한 조언을 제공하듯, 자신을 객관적으로 판단하고 분석할 수 있는 자기 인식 능력을 길러야 한다. 지속적인 자기 성찰과 다양한 경험을 통해 연습을 해야 한다.

또한 자신만이 가진 창의력, 공감 능력 등을 AI와 결합하여 시너지를 창출하는 방안을 고민한다. 역량이 부족하다면 보완하는 것도 방법이겠지만 자신의 장점을 키우는 것이 더 중요하다.

자신만의 독특한 경험이나 사고, 감성을 AI 기술과 접목시켜 새로운 가치를 창출하는 방법도 고민하자. AI에게 반복되는 일을 시키고 시간과 여유를 벌어서 그 시간에 철학 공부도 하고 예술 작품도 감상해보고 문화 공부도 해보자. 자신에 대해서도 많이 생각해보자. AI 윤리와 관련 기술에 대한 학습도 필요하다. 이러한 종합적인 노력을 통해 'X + AI + HC~Human Competencies~ + U~Uniqueness~ 인재'로 성장할 수 있을 것이다. 우리의 자녀들도 이러한 인재로 성장할 수 있도록 지원하고 격려해야 할 것이다.

04

데이터와 AI의 한계를 인식하고 보완하자

데이터와 AI의 한계를 파악하자

AI는 방대한 양의 데이터를 바탕으로 분석하고 학습하며 패턴을 인식하고 예측을 수행한다. AI 시대에 데이터의 중요성은 더욱 부각되고 있다.

그러나 커지는 AI와 데이터의 역할은 사회와 인류에 대한 새로운 도전을 제시하기도 한다. 유발 하라리Yuval Noah Harari 예루살렘히브리 대학 교수는 그의 베스트셀러 《호모 데우스Homo Deus》에서 심지어 '데이터교'라 불릴 수 있는 새로운 형태의 믿음 체계가 등장할 수 있다고 예측했다.•
즉, 데이터 처리 시스템이 '인간보다 인간을 더 잘 아는' 신과 같은 존재가 될 것이고 인간은 데이터를 숭배하게 될 것이라고 예측한 것이다.

AI의 연료가 되는 데이터가 사람들에게 도움을 주는 것은 부인 할 수 없다. 데이터를 바탕으로 의사 결정을 내릴 경우 주관적인 판단이나 오류를 줄이고 더 합리적이고 객관적인 결정을 내릴 수도 있다. 이러한 이유로 우리는 고객의 구매 기록, 검색 패턴, 제품 선호도 등의 데이터를 분석하여 소비자의 미래 구매 행동을 예측하기도 한다. 생기부와는 달리 입체적인 학습데이터를 바탕으로 학생들의 맞춤형 지도에 도움을 줄 수도 있다.

그런데 이러한 데이터가 미래도 정확하게 예측할 수 있을까? 데이터가 담지 못하는 더 중요한 것이 있지는 않을까?

미래는 과거의 연장선상에 있지 않을 수 있으며, 새로운 변수의 등장이나 예상치 못한 사건이 생길 수 있다. 따라서 미래 예측을 할 때는 데이터 분석뿐 아니라 다양한 분야의 전문 지식과 직관 등을 결합해야 한다.

데이터가 편견과 편향을 만들지는 않을까도 생각해봐야 한다. 특정 데이터에 편중되어 있을 때 편향된 결과를 만

- Harari, Y. N. (2017). Homo Deus: A Brief History of Tomorrow. Harper.

들게 될 수도 있을 것이며 실제로 이런 사례들이 있었다. 데이터는 객관적인 것처럼 보일 수 있지만, 사실은 어떻게 수집하고 분석하느냐에 따라 결과가 달라질 수 있다. 예를 들어, 어떤 특정한 그룹의 사람들만을 대상으로 설문 조사를 하면 그 결과는 전체를 대표하지 못하고 편향될 수 있다. 그리고 이러한 데이터 편향은 잘못된 결정을 내리게 만들 수도 있다.

또한 데이터에 과도하게 의존할 경우, 인간의 주관적 경험·감정·개인적 가치의 중요성을 간과할 수도 있다. 예를 들어, 데이터 분석이 어떤 영화의 높은 인기를 보여준다 해도, 그것이 개인에게 반드시 흥미롭거나 의미 있는 경험을 보장하지는 않는다.

따라서 데이터의 가치를 인정하되, 인간의 주관적 경험과 개인의 고유성을 균형 있게 고려하는 것이 중요하다. 데이터 기반의 통찰과 인간의 경험과 직관을 조화롭게 활용해보자.

철학적 사고로 AI의 한계를 보완하자

우리는 데이터와 AI의 결과를 해석하는 능력을 키워야 하며, 그 뒤에 숨겨진 의미와 맥락을 이해해야 한다. 이 과정에서 철학적 사고의 중요성이 부각된다. 철학은 우리로 하여금 데이터와 AI의 본질과 한계에 대해 깊이 있게 고찰하게 하며, 더 나아가 이들이 제시하지 못하는 윤리적·존재론적 질문들을 제기할 수도 있을 것이다.

실제로 많은 기업들과 교육 기관들이 AI 시대에 철학의 중요성을 인식하고 있다. 예를 들어, AI 윤리 위원회에 철학자들을 포함시키는 기업들이 있고, AI 과정을 개설할 때 AI의 기술적 측면뿐만 아니라 철학적 함의도 고려할 수 있도록 교육하고 있는 대학들이 늘고 있다.

인간의 직관과 지혜, 그리고 철학적 통찰은 데이터를 넘어선 사고와 판단을 가능하게 한다. 우리는 AI의 결정을 맹목적으로 따르기보다, 상황에 맞는 판단을 내리는 데 이러한 인간 고유의 능력을 활용해야 한다.

우리는 AI의 리더로서, AI에게 효율적으로 일할 수 있도록 지시를 내리는 동시에 그 한계를 인식하고 보완해야 한다. 마치 리더가 직원의 일을 지혜와 경험으로 보완하듯, 우리도 AI가 제공하는 결과를 인간의 통찰력으로 보완해야 한다. 특히 복잡한 윤리적·도덕적 문제에 대해서는 데이터 기반의 AI 결정을 넘어 인간의 철학적 숙고와 판단이 필요하다.

AI의 분석 결과에 우리의 직관과 지혜, 그리고 철학적 사고를 더해 더 나은 판단을 하는 것이 우리의 역할이다. 이를 위해 우리는 각자의 고유한 사고 능력, 윤리 의식, 철학적 소양을 소중히 여기고 지속적으로 발전시켜 나가야 할 것이다.

05
AI와는 이렇게 대화해보자

프롬프트를 제공하는 인간에 주목하자

컴퓨터나 스마트폰을 사용할 때 화면에 나타나는 아이콘을 터치하거나, 키보드를 눌러서 명령을 내린다. '인터페이스'interface란, 쉽게 말해서 사람과 기계가 서로 소통하는 창구나 방법을 의미한다. 생성형 AI를 포함한 AI 기술의 발전으로 사람끼리 소통을 하는 언어인 자연어로 기계와 소통을 할 수 있다. 구글 어시스턴트, 시리, 알렉사와 같은 음성 인식 도구들은 말로 소통하게 해준다.

최근에는 더욱 자연스럽고 인간적인 방식으로 AI와 소통할 수 있다. 예를 들어, 우리 회사의 AI 과장 캐릭터를 만들고 싶다고 하자. "스마트해 보이는 외모를 가지고 있고 빠르게 걸어다니며, 얼굴에는 미소를 띠고 있어서 사람들을 즐겁게 해주는 캐릭터로 만들어줘"라고 말로 하거나 텍스트를 입력하면 이제 쉽게 만들어진다.

아직 ChatGPT-4o를 활용해보지 않았다면 지금 스마트폰에 설치해보자. 설치가 완료되면 앱을 실행하여 로그인하거나 새 계정을 만든다. 이제 미국 여행 중에 현지 사람과 대화해야 하는 상황을 가정해보자. 헤드폰처럼 생긴 아이콘을 클릭해본다. ChatGPT가 당신의 말을 들을 준비가 되었을 것이다. 한국어로 질문이나 말을 한다. "여기 근처에 지하철역이 어디에 있나요?"라고 말하면, ChatGPT가 이를 실시간으로 인식하고 영어로 통역해줄 것이다. 영어로 된 메뉴판이나 지도를 읽지 못한다면 사진으로 찍어서 설명해달라고 하면 된다.

ChatGPT와 영어 회화 연습을 하고 싶으면 "지금부터 나와 영어 대화를 하면서 내가 틀린 부분이 있으면 수정해줘"라고 말하면 된다. 이제 영어 회화 연습도 ChatGPT로 원어민과 대화하듯이 할 수 있는 것이다. 회화 연습을 한 것은 텍스트로 모두 남아 있기 때문에 복습을 하기도 좋다. 자녀들의 영어 회화 연습을 시킬 때에도 활용해보면 좋을 것이다. 자신만의 GPTs를 만들어서 항상 동일한 방식으로 연습을 할 수도 있다.

간단한 것은 이렇게 대화하면 되지만, 가끔 더 복잡한 것을 요청해야 할 때가 있다. 이때 프롬프트prompt가 역할을 한다. 프롬프트를 잘 작성하는 것은 AI를 잘 활용하는 데에 중요한 부분이다. AI 프롬프트는 AI와의 대화에서 '질문' 또는 '명령'의 역할을 하는데, 어떻게 입력하느냐에 따라 얼마나 좋은 답변이 나오는지가 달라질 수 있기 때문이다. 동일한 AI를 활용하더라도 그 수준을 결정하는 것은 '프롬프트를 제공하는 사람'인 것이다. 이런 이유로 '호모 프롬프트'Homo Prompt라는 신조어가 생기기도 했다. 인간을 의미하는 '호모'Homo와 AI에게 하는 명령이나 질문인 '프롬프트'prompt의 합성어를 말한다. 프롬프트를 제공하는 '호모', 인간에 주목하자.

5분 만에 배우는 AI 프롬프트 작성법

AI와 대화를 잘하려면 사람과 대화를 잘하는 것과 어떤 면에서는 비슷하다. 예를 들어, 사람과 대화를 할 때 "그거 거기에 내가 좋아하는 방식으로 잘 좀 써줘"라고 하면 잘 이해하지 못할 것이다. 정확히 이해하려면 자세한 정보가 필요하다. AI도 마찬가지다.

그런데 인간과 AI의 차이가 있다. AI는 뉘앙스와 숨겨진 의도를 잘 이해하지 못한다. AI는 굉장히 똑똑하지만 모든 것을 문자 그대로 해석하는 경향이 있다. AI와 대화를 할 때는 말의 뉘앙스나 감정을 잘 이해하지 못하는 사람이라고 생각하고 대화를 해보자.

AI에게 프롬프트를 줄 때에는 구체적이고 명확하게 주자. 예를 들어, "황사에 대해 설명해줘"보다 "황사가 왜 발생하는지, 그리고 그것이 호흡기에 미치는 영향을 설명해줘"라고 하는 것이 더 효과적이다. 필요한 배경 정보를 제공하면 더 좋은 답변을 얻을 수 있다. 예를 들어, "영어교육에서 액션러닝 수업의 효과를 알고 싶어"라고 할 때 "한국 대학생을 대상으로 한 연구에서"라는 맥락을 추가하면 더 정확한 답변을 받을 수 있다. 한 번에 많은 요청을 하는 것보다 여러 차례 나눠서 대화를 주고 받는 것이 더 효과적이다.

잘 이해되지 않거나 추가 설명이 필요하면 바로 질문을 하거나 피드백을 주어야 한다. 예를 들어, "이 부분이 잘 이해되지 않아. 좀 더 자세히 설명해줄래?"라고 질문하는 것이다. 또는 "이 부분을 수정해줄래?", "예를 좀 더 추가해줄래"와 같은 피드백을 주고 받을수록 더 좋은 결과를 얻을 수 있다.

AI가 가끔 사실이 아닌 것을 말하는 경우도 있으므로 반드시 팩트 체크를 하는 것도 잊지 말자. 프롬프트 작성 시에는 프롬프트를 공유하는 사이트들을 www.prpt.ai, gptable.net 활용해보아도 좋고, GPTs 중 프롬프트를 생성해주는 것을 찾아서 도움을 받을 수도 있다. 구체적으로 질문하는 방법은 아래의 공식을 활용해보자.

AI와 대화를 잘하기 위한 프롬프트 공식

프롬프트 공식은 다음과 같다.

> [과업] [역할] [주제] [청자] [양과 포맷] [톤] [요구 사항]

이 공식의 각 요소는 프롬프트의 명확성을 높이기 위해 중요하다. 이 중 필수적인 것은 '과업'이다. 과업만으로도 프롬프트는 기본적인 작동을 할 수 있지만 과업이 없으면 작동이 제대로 되지 않기 때문이다. 과업은 예를 들어 "분석해줘", "생성해줘", "요약해줘" "그려줘" 등으로 표현될 수 있다.

공식의 구성 요소를 하나씩 간단히 설명하면 다음과 같다.

과업 Task

프롬프트의 핵심 요소로, AI에게 무엇을 해야 하는지를 명확히 지시한다.

예시 분석해줘, 생성해줘, 요약해줘, 그려줘 등

역할 Role

AI가 어떤 역할을 맡아야 하는지 지정한다. "너의 역할은 '이것'이니 '이것'처럼 분석해줘"와 같이 좀 더 구체적으로 써주는 것도 좋다. 역할을 나누어서 써줘도 좋다. 예를 들어, "김 교수는 내용을 작성해주고 이 팀장은 이것이 잘 이해될 수 있도록 브로슈어로 만들어줘" 이렇게 쓸 수 있다.

예시 영어교육을 전공하고 에듀테크에 대한 지식과 경험이 많은 대학 교수처럼

주제 Topic

AI가 다룰 주제를 명확히 그리고 구체적으로 쓰면 좋다.

예시 예비 영어교사를 대상으로 하는 영어교육에서 생성형 AI 활용

청자 Audience

결과물이 누구를 대상으로 하는지 지정한다.

예시 영어교육 관련 수업을 아직 많이 수강하지 않은 대학 1학년 학생들

양과 포맷 Length and Format

결과물의 길이와 형식을 써준다

예시 200단어 에세이, 5분 프레젠테이션, A4 한 페이지 보고서 등

톤 Tone

결과물의 어조와 스타일도 명시한다

예시 공식적으로, 친근하게, 비즈니스적으로 등

요구 사항 Requirements

결과물에 포함되어야 할 구체적인 요구 사항을 명시한다.

예시 예시를 넣어줘, 특정 자료에서 찾아줘, 윤리적인 이슈 포함 등

프롬프트 공식의 구성 요소에 맞춰 아래와 같이 작성해 볼 수 있다.

예시 프롬프트 구성

[과업] 작성해줘
[역할] 영어교육을 전공하고 에듀테크에 대한 지식과 경험이 많은 대학 교수처럼
[주제] 예비 영어교사를 대상으로 하는 영어교육에서 생성형 AI 활용에 대해
[청자] 영어교육 관련 수업을 아직 많이 수강하지 않은 대학 1학년 학생들을 대상으로
[양과 포맷] 브로슈어 형식
[톤] 공식적으로
[요구 사항] 윤리적인 이슈 포함

예시를 통해, 프롬프트를 다음과 같이 구성할 수 있다.

영어교육 관련 수업을 아직 많이 수강하지 않은 대학 1학년 학생들이 이해할 수 있는 수준으로, 예비 영어교사를 대상으로하는 영어교육에서, 생성형 AI 활용 방법을, 영어교육을 전공하고 에듀테크에 대한 지식과 경험이 많은 대학 교수가 만든 것처럼 브로슈어 형식으로 작성해줘. 형식은 공식적으로 써주고 윤리적인 이슈도 반드시 포함해줘.

모델링

필요할 경우, 프롬프트에 모델링 요소를 추가할 수 있다. 예를 들어, 시를 쓰거나 특정 형식을 요구할 때 원하는 예시를 제공하고 비슷한 형식으로 써달라고 요청할 수 있다.

예시 "이 시를 참고하여 비슷한 형식의 시를 써줘." "이 PDF 파일 내용을 바탕으로 요약해줘." "다음 브로슈어와 비슷한 형식으로 만들어줘."

프레임워크 적용

이외에도 특정 분석 방법을 요구할 때 프레임워크를 명시할 수 있다.

예시 "비즈니스 보고서에서 자주 사용되는 프레임워크를 적용하여 보고서를 작성해줘."
(이렇게 하면 자주 사용되는 SWOT 분석 등의 방법으로 분석하여 보고서를 써줄 것이다.)

AI 기술이 발전하면서 복잡한 프로그래밍 지식 없이도 누구나 AI를 이용해 프로그래밍과 비슷한 작업을 할 수 있게 될지도 모른다. 그렇다면 이제는 모두가 비슷한 결과물을 얻게 되는 것은 아닐까? AI가 만든 결과물에 자신의 향기가 날 수 있도록, 자신의 유니크함이 나타날 수 있도록 요청해보자.

06
AI 디지털교과서의 시대, 무엇을 어떻게 배워야 하나

AI와 교육의 만남으로 개인 맞춤형 학습이 가능해졌다

칸 아카데미Khan Academy의 창립자이자 CEO인 살만 칸 Salman Khan은 TED 강연 〈AI가 교육을 파괴하지 않고 구할 수 있는 방법How AI Could Save (Not Destroy) Education〉에서 AI가 교육에 가져올 긍정적인 변화를 강조한다. 먼저 칸은 지금까지는 개인 맞춤형 교육이 불가능했지만 이제는 AI의 도움으로 가능하다고 말한다. 그는 칸 아카데미의 칸미고 Khanmigo라는 AI 기반의 튜터링 시스템을 소개한다. 칸미고는 학생의 오류를 인지하고 실시간 피드백을 제공한다. 흥미로운 것은 가끔은 학생이 답을 알려달라고 해도 바로 알려주지 않고 실제 실력 있는 교사와 같이 소크라테스식 대화를 하거나 전략을 알려주면서 학습 지원을 한다는 것이다. 이외에도 진로 상담을 포함한 코칭도 한다. 칸은 칸미고를 가리켜 '슈퍼 교사'라고 표현한다. 학생들은 이런 개인 슈퍼 튜터를 갖게 되는 것이다.

오픈AI에서 일했던 안드레이 카르파티 Andrej Karpathy가 AI 기반의 새로운 형태의 학교인 '유레카 랩스' Eureka Labs를 계획하고 있다. 유레카 랩스는 교육을 보조하는 AI를 개발해 개인화된 학습 경험을 제공하고자 한다.

최근 AI는 학습자의 데이터를 분석하고, 개인의 수준이나 학습 스타일, 흥미에 맞는 학습 자료와 교육과정도 제공한다. 다양한 AI 기반의 적응형 학습 시스템은 학생들의 이해도를 분석하여 즉각적인 피드백과 맞춤형 학습 자료를 제공해줄 수 있다. 교사들이 AI가 제공하는 정보를 바탕으로 각 학생의 학습 진행 상황을 모니터링하고 더욱 효과적으로 학생들의 학습을 지원할 수 있다. 또한 AI는 시험 성적을 자동으로 처리하고 분석하여 학생들의 학습 성과를 평가하기도 한다. 사교육에서만 가능한 것도 아니다. 이제 우리나라에서는 AI 디지털교과서가 보급될 계획이어서 공교육에서도 이런 모습이 가능하다.

과거 우리나라의 학교 모습은 이러했다. 종소리가 울리면 복도에 쭉 늘어선 교실 문이 열리면서, 수많은 학생들이 밖으로 나온다. 60여 명의 학생이 한 교실에 밀집되어 있어서 선생님은 모든 학생들의 수준을 맞춰주기가 어렵다. 이해 정도, 학습 속도, 선행 학습, 성취도가 다른 학생들이지만 똑같이 배울 수밖에 없다. 앞서가는 아이들에게는 선생님이 가르치는 것이 너무 쉽고, 뒤처지는 아이들에게는 너무 어렵다. 그런데 이제는 AI로 학생 맞춤형 교육이 가능해지는 것이다.

'AI 디지털교과서'를 활용한 학습과 교사와 함께하는 학습은 상호 보완적이어야 한다

우리나라에서는 2025년부터 'AI 디지털교과서'가 단계적으로 도입될 계획이다. 이에 따라 교육계는 '교실혁명 선도 교사 양성'과 같은 AI 디지털교과서를 활용한 수업 모델 개발 및 변화된 교사의 역할에 따른 연수를 기획하고 운영하고 있다. 이주호 부총리 겸 교육부 장관은 'K-AI 시대를 열다'를 주제로 열린 '2024 한국포럼'에서 "운전자

없는 자동차처럼 강의가 없는 수업이 대세가 된다"고 말했다. AI의 발전이 교육에도 영향을 미쳐, 교사가 지식의 전달자라는 통념을 깨는 시대가 온 것이다.

AI 디지털교과서는 AI와 지능정보기술을 활용해 AI 학습 진단과 분석 및 학생 개인의 수준에 맞는 맞춤형 학습의 기회를 제공할 수 있다. 교사는 학생들의 학습 활동 결과, 학업 참여도 등 학생별 데이터를 기반으로 수업을 디자인하고 참여형 수업을 설계 운영하며 학생들의 멘토 역할을 하게 된다. AI는 학생 개개인의 수준에 맞는 지식 전달을 통해 기본 개념을 익힐 수 있도록 하고, 교사는 학생들의 창의 역량, 협업 역량 등 미래에 필요한 역량을 길러주는 역할을 하는 것이다. 학부모 또한 데이터를 기반으로 자녀의 강점과 약점을 파악하고 이를 바탕으로 정서적 지지를 해줄 수 있다.

지금까지 우리는 하나의 정답을 찾는 데 익숙했고, 학습 방법과 내용에도 정답이 있었다. 그러나 AI 시대, 빅블러의 시대에는 지금까지의 방식이 맞는지 재고해볼 필요가 있다. 단순히 더 많은 정답을 맞추는 사람이 AI 시대의 인재인지 생각해봐야 한다.

제조 공장에서 기계가 하루에 수천 개의 무거운 부품을

조립한다. 이 기계 앞에서 누가 하루에 100개를 조립하는지 120개를 조립하는지 경쟁하는 것은 무의미하다. 마찬가지로 인간이 암기나 문제 풀이에서 89점을 맞는지 99점을 맞는지가 중요한 것은 아니다.

AI는 학습한 데이터가 있는 문제를 잘 처리할 수 있지만, 데이터에 없는 것을 생각해내는 능력은 인간에게 있다. 인간은 한 번도 경험하지 못했던 상황이나 복잡한 문제를 스스로 해결해낼 수 있다.

AI 디지털교과서는 기본적인 이해와 암기, 간단한 연습을 돕는 데 유용한 도구이다. 그러나 미래에 필요한 핵심 역량을 기르는 데에는 한계가 있다. 이해와 연습은 AI를 통해 가능하지만, 진정한 역량 개발은 실제 프로젝트 수행과 인간 간의 협업, 소통을 통한 경험에서 이뤄지는 것이기 때문이다. 수업 시간에는 교사와 함께 지식을 적용하고 분석하며 새로운 것을 창조하는 활동에 집중해야 할 것이다. 이러한 과정을 통해 학생들은 미래 사회에 필요한 실질적인 역량을 키울 수 있을 것이다.

'AI 디지털교과서'와 함께하는 수업

2025년부터 일부 학년, 일부 과목의 수업 모습은 다음과 같을 것이다. 미래 영어수업의 예이다.

수업 전 영어 수업 전 학생들은 AI 디지털교과서에서 제공하는 오늘의 영어 문법과 단어를 AI 튜터의 도움으로 익히고 사전 학습 문제를 푼다. 자주 틀리는 문제는 AI가 알아서 비슷한 문제로 제공해 주어서 반복적으로 연습할 수 있다. 학생들이 푼 학습 문제의 결과는 AI가 분석해 선생님의 대시보드로 전달한다.

선생님은 이 데이터를 바탕으로 학생들이 어떤 부분을 이해하고, 어떤 부분에서 어려움을 겪고 있는지 미리 파악할 수 있다. 학생들이 AI와 함께 학습을 하는 동안 선생님은 학생들의 역량을 길러줄 수 있는 프로젝트 학습을 설계한다. 이때 교사는 학습 디자이너의 역할을 하며, AI 보조교사의 도움을 받아 자료를 제작한다.

수업 중 선생님과 함께하는 오늘의 영어 수업에서는 친구들과 함께 과업중심 프로젝트를 수행하게 된다. AI 디지털교과서로는 부족한 인간만의 역량을 함양할 수 있는 시간이다. 선생님은 오늘 수업의 주제를 간단히 설명한 후 활동을 시작한다. 먼저, 학생들은 주어진 주제에 대해 철학적 질문을 던지고 토론하는 시간을 가진다. "이 개념이 우리의 삶에 어떤 영향을 미칠까?" 등의 질문을 통해 비판적 사고력을 키우고, 주제에 대해 이해한다.

학생들은 활동을 하는 동안에도 아이디어를 얻거나 그림이나 영상을 만들기 위해 AI를 활용한다. 그러나 비판적으로 판단하는 것은 잊지 않는다.

학생들은 모둠 구성원별 역할을 정하고, 주어진 과업을 해결하기 위한 활동 놀이를 시작한다. AI 디지털교과서의 AI 튜터를 통해 기본 개념을 이미 이해하고 연습했기 때문에 비교적 쉽게 과업을 해결할 수 있다. 학생들은 창의성, 융합 역량, 자신의 경험과 가치관을 최대한 반영한다. 학습 내용을 자신의 삶과 연결 짓기도 한다.

중간에 어려운 부분이 있으면 교사나 동료들이 함께 해결해준다. 교사는 활동이 원활히 진행되도록 순회하며 학습을 지도하고, 지속적으로 피드백을 제공한다. 이번 영어 수업의 목표 달성뿐 아니라 학생들의 철학적 사고와 개인의 정체성이 프로젝트에 잘 반영되고 있는지, 창의 역량과 융합 역량은 잘 발휘되고 있는지도 모니터링한다.

활동이 종료되면, 학생들은 결과를 발표하거나 디지털 매체에 공유를 한 후 선생님과 동료들의 피드백을 받는다.

수업 후 수업이 끝난 후, 선생님은 수업 활동과 연계된 학생 개인 맞춤형 학습 과제를 내준다. 부족한 부분을 보완할 수 있도록 하거나 팀별 과제를 하는 과정에 대한 자기성찰을 하도록 한다. 또한 선생님은 학생들에게 정서적인 도움을 주거나 동기부여를 해준다. 집에서 학부모들도 자녀들의 성장 과정을 모니터링할 수 있다.

개인 과제를 하는 동안에도 AI 튜터의 도움을 받는다. AI 디지털교과서 속 AI 튜터는 학생들이 잘 모르는 것에 대해 설명해주고, 이해를 돕기 위한 다양한 콘텐츠를 추천해주기도 한다. AI 튜터라 재미가 없을 것 같은가? AI 튜터도 선생님과 비슷하게 가끔 질문도 하고 열심히 잘하면 보상을 주기도 한다. 어떨 때는 실제 인간 선생님께 배우는 것 같기도 하고 어떨 때는 게임을 하는 것 같기도 하다.

그런데 여기에도 주의할 것이 있다. 학생들이 AI가 제공하는 것에만 의존하는 것이 아니라, 자기 스스로 선택해서 학습할 수 있도록 해야 하는 것이다. 또한 교사가 학생들의 교과 지식과 미래 역량을 동시에 길러줄 수 있는 수업을 잘 설계할 수 있어야 한다. 모니터링과 피드백도 효과적으로 해야 하고 정서적인 부분도 신경 써야 한다. 교사의 전문성이 더 중요해진다고 할 수 있다.

AI 컨설턴트도 활용해볼 수 있다

AI를 컨설팅에도 활용할 수도 있다. 인간 입시 컨설턴트, 입시 코디네이터는 보통 학생들의 대학 입시 준비에 도움을 주거나, 맞춤형 학습 전략을 제공하고 학습 계획을 세워주기도 한다. 일부의 경우에는 수백만 원에서 수천만 원까지 비용을 지불해야 한다고 알려져 있기도 하다. 그런데 이제 저비용으로 AI 컨설턴트를 활용할 수 있다. AI가 학생의 성적 및 학습 데이터와 성향을 분석하고 강점과 약점을 파악해 맞춤형 학습 계획과 입시 전략을 제공할 수 있다. 충분한 데이터가 있다면 AI가 더 정확하고 객관적인 피드백을 제공할 수도 있을 것이다.

　AI로 진로나 진학 컨설팅 프로그램을 제공하고 있는 사이트들도 있다. 가볍게 ChatGPT와 같은 생성형 AI에게 질문을 해봐도 좋다. 물론 AI의 결정을 무조건적으로 믿어서는 안 되고 결정은 자신이 해야 한다.

　AI가 가지고 온 소위 '교육 혁명' 시대에 우리는 다음과 같은 질문을 고민해볼 필요가 있다. "AI가 잘하는 것을 고려했을 때 나와 나의 자녀는 어떤 능력을 갖춘 인재가 되어야 할까? 그리고 이를 위해 어떤 교육 시스템과 교사의 역할을 기대해야 할까?"

07

AI와 함께하는 업무 혁명

AI와 함께하는 스마트 워크라이프

H는 회사에 새로 도입된 AI 직원을 소개받았다. AI 직원은 데이터를 분석하고, 예측 결과를 제공하며, 반복적인 작업을 자동화했다. AI 직원이 고객의 거래 패턴을 분석하여 사기 가능성을 감지하는 모습을 보고 깊은 인상을 받았다. 페이팔PayPal도 AI로 거래 데이터를 실시간으로 분석하여 사기를 탐지한다고 말로만 들었는데 실제로 보니 신기했다. 이외에도 AI 직원은 콘텐츠를 생성하고, 시장 분석 보고서를 작성하며, H가 전략적 결정을 내리는 데 필요한 정보를 제공한다. 이 AI 직원은 고객 문의에 대한 자동 응답

시스템을 관리하여 고객 만족도를 높이는 데 기여하기도 한다. 한국어로 작성된 자료를 어떤 언어로도 바로 번역을 할 수 있어서 세계 어느 나라의 고객 대응도 가능하다. H는 반복적인 작업을 AI 직원에게 맡김으로써 더 창의적이고 전략적인 업무에 집중할 수 있게 되었다.

회사의 인사팀에서도 AI가 역할을 하고 있었다. AI를 활용해 직원 및 인력 데이터를 분석하는 인재 인텔리전스TI, Talent Intelligence 시스템은 채용 과정에서 적합한 후보자를 선별하고, 직원들의 역량을 평가하며, 개인 맞춤형 경력개발을 돕기도 했다. IBM이 왓슨커리어코치Watson Career Coach를 통해 직원들의 경력 개발을 지원하고 있다는 말을 들었는데 실제로 AI가 인재관리를 돕는 것도 신기했다.

이것이 먼 미래의 일은 아니다.

AI 에이전트가 일한다

AI 기술이 빠르게 발전함에 따라 다양한 분야에서 AI가 인간의 역할을 대체하고 있다. 이는 단순한 작업부터 고도로 복잡한 업무까지 광범위하게 적용되며, 기업과 사회 전반에 걸쳐 변화를 일으키고 있다.

빌 게이츠는 SNS를 통해 AI 에이전트가 개인의 삶과 사회까지 크게 변화시킬 것이라고 말했다. 여기서 AI 에이전트란 특정 작업을 수행하거나 문제를 해결하기 위해 설계된 소프트웨어 프로그램 또는 시스템으로, 계획을 세우고 필요한 행동을 선택해 실행할 수 있다. AI가 스스로 외부 툴을 적절하게 활용해서 사용자가 원하는 것을 알아서 해주기도 한다. 예를 들면, 예전에는 사람이 고객의 질문에 답변을 했지만, 챗봇이 고객의 질문에 답변하거나 대화를 관리할 수도 있다. 우리나라에서도 콜센터 직원을 AI 상담 서비스로 대체하여 대규모 해고 사례가 발생하기도 했다.

2023년 중국의 칭화 대학교 NLP연구소는 '챗데브'ChatDev라는 게임 회사를 차렸다. 챗데브는 채팅을 통해 게임을 개발해준다. ChatGPT로 연결된 챗체인ChatChain 세트를 설계하고 직원들은 CEO부터 프로그래머, 디자이너 등 모두 AI이며 이들이 맡은 다양한 임무를 협업하여 수행했다.

티모바일T-Mobile도 실적이 나쁘지 않았지만 특정 업무의 경우 AI 직원으로 대체하겠다고 밝혔고, IBM도 일부 업무는 대체하겠다고 발표했다.

미국의 JP모건은 AI 직원이라고 할 수 있는 'COiN'

Contract Intelligence을 도입했다. 이 AI 직원은 대출 계약서 검토 작업의 오류를 줄이기 위해 개발되었으며, 만 개가 넘는 상업 대출 계약서를 분석해서 구별 특성을 추출했다고 한다. 과거에는 이 작업을 하려면 엄청난 시간이 소요되었을 텐데 AI는 매우 짧은 시간 만에 완수했다고 한다. 최근 AI 이미지 생성 서비스로 유명한 미드저니Midjourney는 직원 수가 100명 이하임에도 연간 매출이 약 2억 달러 정도라고 알려져 있다.

MS, 구글을 포함한 빅테크 기업들이 'AI 의료 어시스턴트' 사업에 관심을 갖고 참여하고 있다. AI 의료 어시스턴트는 의사들의 문진 내용을 서류화하고 환자 데이터를 정리 및 분류하는 것은 물론, 웨어러블 장치 등을 통해 데이터를 수집하여 더 개인화된 서비스를 제공한다.

AI로 인적자원 관리를 하는 솔루션을 제공하는 기업들도 관심을 받고 있다. 앞에서 언급한 인재 인텔리전스는 스킬, 전공, 직무, 성과와 관련된 데이터뿐 아니라 직원의 관심사, 선호도와 같은 개인적 요인까지 분석할 수 있다. 인력개발 부서의 직원이 할 일을 AI 직원이 짧은 시간 동안 할 수 있게 되는 것이다. AI를 사용하여 직원의 스킬과 역량을 분석하고 시각화한 다음, 이 데이터를 바탕으로 인재 관리 및 개발 전략을 수립하게 된다. 이후 직원들의 스킬과 역량을 연결 지어 필요한 역량과 현재 보유한 역량 간의 차이를 분석한다.

이를 통해 기업은 인재 개발 계획을 세우고, 필요한 교육 프로그램을 설계한다. 직원 개인의 커리어 경로를 계획하고 지원하는 데에도 활용한다. 이외에도 적합한 인재를 선발하거나, 인재 배치 및 승진 결정에 도움을 준다. 이와 같이 AI를 활용하여 직원들의 스킬과 역량을 최적화하며, 조직의 성과를 향상시킬 수 있는 것이다.

퍼스널 AI 비서나 직원과 함께하자

AI 직원이나 비서가 이제는 기업만의 이슈가 아니다. 누구나 자신만의 퍼스널 AI 비서나 AI 직원을 옆에 둘 수 있다.

그럼 무엇부터 할 수 있을까? 물론 보고서 작성, 데이터 분석, 브로슈어 제작 등 간단한 작업들을 쉽게 하는 AI 비서나 직원을 고용할 수 있을 것이다. 생성형 AI만 활용해도 가능하다. 하지만 좀 더 적극적으로 활용해보자. 먼저, 하고 싶은 일들을 적고 필요한 직원을 구상해보자. 이름도 정해주자. 그런 다음 이 일을 할 수 있는 AI를 찾아보자. 그리고 자신이 사수가 되어 원하는 것을 가르쳐보자. 이렇게 해서 AI 직원이 여럿 있는 기업의 대표처럼 일해보자.

예를 들면, A는 대학의 교육성과관리센터의 책임자다. 학생들의 비교과 프로그램의 성과를 분석하고 싶다. 최근 대학에서 직원 수가 부족해서 직접 분석을 하려고 한다. AI 직원에게 이름도 지어주었다.

그리고 먼저 ChatGPT와 같은 생성형 AI에게 비교과 프로그램 참여 데이터를 분석하기 쉬운 형태로 정리해달라고 한다. 이제는 엑셀과 바로 연동도 가능하다. 그 후 프로그램별, 학년별, 전공별 참여도도 비교해달라고 한다. 비교과 프로그램 참여율과 학업 성취도 간의 상관관계도 분석해달라고 해본다. 이러한 분석 결과를 시각적으로 표현하고 보고서 초안을 작성해달라고도 한다. 보고서에는 분석 결과를 바탕으로 비교과 프로그램 개선 방안도 포함해달라고 한다.

다른 이름의 AI 직원에게는 학생들의 관심사와 성과를 바탕으로 개인화된 프로그램 추천 알고리즘을 설계해달라고 하기도 한다. 예를 들어, 사용자가 특정 주제의 프로그램을 많이 참여했으면 유사한 주제의 다른 프로그램을 추천하는 방식이나 다양한 방법으로 추천을 해주는 알고리즘을 설계해달라고 할 수 있다. 이외에도 이러한 비교과 프로그램 참여가 성적 향상이나 취업률에 미치는 영향을 예측해달라고 할 수 있다. 학생들의 프로그램 평가(만족도 설문)를 분석해서 개선점을 알려달라고 하고 개선 방안을 추천해달라고 하는 것도 잊지 않는다. A는 정기적인 성과 보고서 작성을 자동화할 계획이다.

B는 영어 교사다. B는 수업 계획 및 교안 작성에 도움을 받는다. 원하는 교수법에 기반한 수업 활동 제안을 받기도 한다. 다른 AI에게는 수업 자료 제작을 요청한다. 학생들이 수업에 흥미를 가질 수 있는 다양한 그림이나 동영상을 만들어달라고 한다. 퀴즈나 게임을 만들어달라고 하기도 하고 수업과 관련된 영어 노래도 만들어달라고 한다.

그날 수업의 주제나 학생의 수준과 관심사에 맞는 영어 독해 자료를 생성해달라고 해본다. 맞춤형 어휘 목록을 작성해달라고 하기도 하고 연습 문제를 제작해달라고 하기도 한다. 수준별 수업이 가능하도록 상중하 레벨별로 만들어달라고 한다. 엑셀과 연결하여 문제 뱅크에서 쉽게 꺼내어 볼 수 있도록 한다. 그렇지만 이렇게 만든 문제만 활용한다면 의미 있는 수업이 될 수가 없다. 교사는 이 문제들도 수정하고, 또 이 문제들을 활용한 의미 있는 활동을 만들어야 한다.

독해에만 사용하는 것은 아니다. 학생들이 작문을 하면 초안을 수정해달라고 한다. 이때 학생들이 보기 쉽게 "이 수정에 대한 표를 만들어줘. 왼쪽은 원문으로 오른쪽은 수정된 것으로 써주고 무엇을 수정했는지 그리고 그 이유를 써줘"라고 한다. 특정 학생의 공통적인 실수 패턴을 분석하고 맞춤형 교정 전략을 코칭해달라고 하기도 한다. 학부모를 위해 학생의 영어 학습 진행 상황 분석에 대한 보고서 초안을 작성해달라고 하기도 한다. 필요에 따라서는 학생이 가정에서 할 수 있는 영어 학습 활동을 제안해달라고도 한다. 하지만 잊지 않는 것이 있다. 자신만의 교육 철학과 학생들의 상황을 바탕으로, AI가 제공한 자료를 재구성하는 것이다.

업무에 활용할 수 있는 AI가 점점 늘고 있다. 너무 빨리 발전하고 있지만 현재 자주 사용되는 AI 중, MS의 코파일럿을 한번 보자. 워드에서 Copilot 아이콘을 누르고 입력창에 원하는 것을 쓰면("이전 회의에서 자문위원들이 말한 것을 바탕으로 보고서를 만들어줘") 보고서 형식으로 만들어준다. 이 내용을 바탕으로 PPT를 만들어달라고 하면 금방 만들어준다. 엑셀 파일을 열어서 Copilot 아이콘을 누르고 파일을 분석해달라고 하면 척척 분석해주고 그래프도 만들어주며 질문에 답변도 해준다.

구글의 멀티모달 기반의 AI 서비스 '제미나이'Gemini를 보자. 구글 제미나이 사이트에 들어가서 왼쪽 하단의 톱니바퀴의 확장 프로그램을 활용하면 G메일, 구글드라이브, 구글문서에 있는 내용을 쉽게 분석하고 구글지도와 유튜브 등 구글이 가지고 있는 프로그램과 연동하여 요청에 맞게 업무를 수행할 것이다.

ChatGPT의 커스텀 인스트럭션Custom Instruction을 이용해 당신만의 AI 직원을 만들어볼 수도 있다. ChatGPT 유료를 가입하여 왼쪽 하단의 내 계정에서 'Customize ChatGPT'를 누른다. 이후 내 정보 입력 후, 어떤 방식으로 일을 하면 될지 자세히 입력하면 된다. 클로드로도 보고서·제안서·이메일 등 각종 문서 작성, 데이터 분석, PPT 작성 외에도 최근에는 홈페이지 제작이나 게임 제작도 아주 편하게 할 수 있다.

예전에는 브랜드명을 만들거나 로고, 로고송을 제작하기 위해 많은 돈이 들었지만 이제는 AI 직원에게 부탁할 수 있다. 생성형 AI를 활용할 수도 있지만 브랜드명, 로고를 만들 수 있는 AI를 활용해도 좋다. 유튜브 영상으로 홍보를 하고 싶으면 브루vrew.voyagerx.com/ko/나 캡컷capcut.com/ko-kr/ 등을 활용하여 직원에게 부탁하듯이 쉽게 만들 수 있다. 로고송은 수노suno.com에서 만들 수 있고, 홈페이지 제작은 프레이머www.framer.com와 같은 홈페이지 제작 툴을 활용하면 쉽게 만들 수 있다. 밈을 만들어서 재미를 더하고 싶으면 슈퍼밈app.supermeme.ai과 같은 앱의 도움을 받을 수도 있다.

많은 전문가들이 지금까지는 ChatGPT의 등장으로 AI에 대한 사람들의 호기심이 자극되는 수준이었지만 앞으로는 본격적으로 비즈니스에 활용되고 구체적인 성공 사례가 나올 것이라고 예측한다.

자신의 일상적인 업무를 면밀히 분석하여 AI가 도움을 줄 수 있는 영역을 파악해보자. AI와의 협업을 통해 단순 업무에서 벗어나 더 창의적이고 전략적인 업무에 집중할 수 있게 되며, 이는 궁극적으로 개인의 성장과 조직의 발전으로 이어질 것이다.

AI 도입으로 인해 당신의 직무나 역할이 어떻게 변화할 것 같은가? AI와 협업하여 당신의 업무 효율성을 높일 수 있는 방법은 무엇이 있을까? 이 과정에서 자신의 고유한 강점과 전문성을 어떻게 발휘할 수 있을지도 고민해보자.

AI를 활용하면서도 자신만의 특별한 역량을 어떻게 더욱 돋보이게 할 수 있을까? 지금 당장 무엇부터 하면 좋을지 생각해보자.

08

AI와 함께하여
경쟁력을 강화하자

시가총액으로 본 AI의 영향력

AI는 다양한 산업에 걸쳐 그 영향을 미치고 있다. 이러한 변화는 성장에 대한 기대를 보여준다고 할 수 있는, 기업들의 시가총액에서도 뚜렷이 나타나고 있다. 2024년 5월 28일 기준으로 전 세계 기업들의 시가총액을 살펴보면, AI 기술에 대한 막대한 투자와 관심이 집중되고 있음을 알 수 있다. 물론 시가총액 순위는 기업의 규모를 나타내는 여러 지표 중 하나일 뿐이지만, 이는 AI 기술의 중요성과 그 잠재력을 보여준다.

MS는 시가총액 4,344조원으로 1위다. MS는 AI와 클라우드 컴퓨팅을 통해 비즈니스 전반에 혁신을 일으키고 있다. AI 시대를 빠르게 대비하고 생성형 AI 분야를 주도하여 결국 2024년 1월 12일 종가기준으로 MS의 시가총액이 애플의 시가총액을 앞서면서 세계에서 가장 가치있는 회사가 되었다. MS는 ChatGPT에 투자하였고, 생성형 AI 기반 비서 역할을 하는 대화형 인공지능인 코파일럿도 선보였다. 애저Azure 클라우드 플랫폼을 통해 AI 서비스를 제공하고 있기도 하다. 애저는 다양한 서비스와 기능을 제공하여 기업과 개발자가 애플리케이션을 만들고, 배포하고, 관리할 수 있도록 한다.

애플은 시가총액 3,958조 원으로 2위다. 애플은 자체 인공지능 시스템인 애플 인텔리전스를 공개하기도 했다.

생성형 AI에 대한 관심은 하드웨어 기업들까지도 혜택을 받게 했다. 그 대표적인 예가 AI 전용칩을 생산하는 엔비디아NVIDIA이다. AI 처리 속도를 높이는 고성능 그래픽 처리 장치GPU가 반드시 필요하기 때문이다. 엔비디아의 시가총액은 3,558조 원으로 3위다. 엔비디아는 AI 프로세서와 그래픽 기술의 선두 주자로, 자율주행 및 데이터 센터 시장에서 중요한 역할을 하고 있다.

이외에도 구글이 시가총액 2,950조 원으로 4위다. 구글은 AI 챗봇 바드Bard를 업그레이드하여 '제미나이'로 이름을 변경했다.

기업들의 시가총액 변화를 살펴보면 AI에 관심이 집중되고 있음을 알 수 있다. 이러한 관심의 집중은 예전 닷컴 기업.com에의 자본 집중 이후 처음일 것이다. AI 전문 기업뿐만 아니라 다양한 산업 분야의 기업들도 AI 기술을 자사의 제품이나 서비스에 접목시키려는 노력을 보이고 있다.

이러한 현상은 AI 기술이 비즈니스 혁신과 경쟁력 강화를 위한 핵심 요소가 되고 있음을 의미한다. AI 기술은 대기업뿐만 아니라 중소기업과 스타트업에게도 새로운 기회를 제공한다. AI를 어떤 방식이든 효과적으로 활용한다면, 기업의 규모와 상관없이 시장에서 경쟁력을 확보할 수 있을 것이다.

[비즈니스, 학교, 대학, 학원] +AI 해보자

현재 사업을 운영하고 있거나 앞으로 사업을 계획하고 있다면 AI 기술을 활용해 경쟁력을 강화해보자. 비즈니스 효율성을 높이며, 새로운 기회를 창출할 방안에 대해 고민해보자. 학교, 대학, 학원 등 교육 기관에서도 AI를 도입하여 교육의 질을 높이고 효율성을 개선할 수 있다.

AI 서비스 도입

먼저 새로운 제품과 서비스를 개발하거나 도입해볼 수 있다. 예를 들면, AI를 자사 제품에 연결해보거나, 고객 맞춤형 추천 시스템이나 고객 서비스 챗봇 등 AI 시스템을 도입할 수 있다.

교육 분야에서는 AI를 활용한 맞춤형 학습 시스템을 도입할 수 있다. 예를 들어, 학생의 학습 속도와 이해도, 학습 성향이나 스타일에 맞춰 개별화된 학습 콘텐츠를 제공할 수 있다. 대학의 경우, 학생들에게 적합한 진로를 추천해주거나 학사 관련 질문에 대한 답변을 제공하는 AI 챗봇을 도입함으로써 학습과 진로 지원을 강화할 수 있다. 이 AI 챗봇은 학사 문의뿐 아니라 일반적인 문의에도 즉시 답변을 제공함으로써 행정 직원의 업무 부담을 줄이고 학생들의 만족도를 높일 수 있다.

데이터 분석, 예측 및 증명에 활용

데이터 분석 및 예측 모델에도 활용할 수 있다. AI를 활용하여 데이터를 분석하고, 예측 모델을 통해 비즈니스 의사 결정에 도움을 받을 수 있다. 예를 들어, 판매 예측, 수요 예측 등을 통해 운영 효율성을 높일 수 있는 것이다. 학원에서는 AI를 활용하여 학생들의 출석률, 성적 추이, 수강 패턴 등을 분석하고 이를 통해 수강생을 효과적으로 관리하고 맞춤형 학습을 제공할 수 있다. 대학의 경우에는 학생들의 학업 성과를 예측하고, 중도 탈락 위험이 있는 학생들에게 상담과 같은 적절한 조치를 취할 수 있다.

최근 기업들은 AI 기반의 데이터 분석을 인재 평가 및 채용 과정에도 적극적으로 적용하고 있는 추세이다. 따라서 대학들도 AI를 활용하여 학생들의 직무 능력과 역량을 객관적으로 평가하고 증명할 수 있는 시스템을 개발할 필요성이 커지고 있다.

대학에서의 역량 데이터 활용 및 증명 예시

최근 대학들이 AI 기반 역량 평가 플랫폼을 도입하고 있다. 이 AI 시스템은 학업 성취도뿐만 아니라 융합역량, 창의성, 문제해결 역량 등 대학의 핵심 역량을 다각도로 분석하고 평가한다. 단, 역량에 대한 형식적인 평가가 되지 않도록 세밀한 설계가 필요하다.

AI 기반의 학생 역량 포트폴리오도 제공될 수 있다. 이는 학생의 강점, 개선이 필요한 영역, 역량 성장 추이 등을 정교하게 분석해준다. 직무 능력과 관련해서는 특정 산업이나 직무에서 요구되는 핵심 기술에 대한 학생의 직무 능력을 자세히 보여줄 수 있으면 좋다. 각 기술에 대한 숙련도와 실제 프로젝트 수행 경험을 포트폴리오에 포함시킬 수도 있다. 학생들은 AI가 제공하는 이 객관적인 데이터를 통해 자신의 역량과 직무 능력을 정확히 파악하고 개선할 수 있다. 단, 이 과정에서도 지속적으로 데이터의 품질과 평가의 타당성과 신뢰도를 검증하여 형식적인 측정이 되지 않도록 해야 한다.

더 나아가, AI는 학생의 현재 역량 수준과 목표를 심층적으로 분석하여 개인화된 최적의 학습 경로를 제시할 수 있다. 이 AI 추천 시스템은 학생의 진로 목표, 관심사 등을 종합적으로 고려하여 맞춤형 교육과정을 제안한다. 이러한 추천 시스템은 무전공으로 입학한 학생들에게도 효과적일 것이다. 직무 능력 향상을 위해서는 현재 산업 트렌드와 연계하여 필요한 기술을 습득할 수 있는 프로그램을 추천해 주기도 한다.

산업계와의 협력도 AI를 통해 강화될 수 있다. 기업들과 협력하여 각 산업 분야에서 요구되는 핵심 역량과 직무 능력을 정의하고, 이를 평가할 수 있는 지표를 개발한다. AI 기반 평가 시스템으로 실시간으로 변화하는 직무 요구사항과 학생들의 역량을 분석하여 그 일치도를 평가할 수도 있다. 이를 통해 학생들은 자신의 직무 능력이 실제 산업 요구사항과 얼마나 부합하는지 파악하고, 교과나 비교과를 통해 부족한 부분을 보완할 수 있다.

AI 기반의 취업 매칭 시스템도 도움이 될 것이다. 기업의 채용 요구사항과 학생들의 역량 프로필을 AI로 분석하여 최적의 매칭을 제시하는 것이다. 이 시스템은 단순히 학점이나 자격증만이 아니라, 학생의 실제 프로젝트 경험, 문제 해결 능력 등 다양한 직무 관련 능력을 종합적으로 포함한다. 이는 학생들에게 맞춤형 취업 기회를 제공하고, 기업에 가장 적합한 인재를 추천할 수 있을 것이다.

최근에는 AI와 블록체인 기술을 결합하여 학생들의 역량과 성취, 교육 정도를 안전하고 신뢰할 수 있는 디지털 인증 배지로 증명하는 대학들이 늘고 있다. 이 AI 기반 블록체인 시스템은 학생의 학습 활동과 성과, 그리고 직무 관련 프로젝트 결과물을 포함한다. 이를 통해 기업은 지원자의 실제 직무 수행 능력을 더욱 정확하게 파악할 수 있다.

이러한 AI 중심의 혁신적인 노력을 통해 대학이 AI 기술을 활용하여 학생들의 실질적인 역량과 직무 능력을 개발하고, 증명하며, 산업계와 효과적으로 연계하는 교육 플랫폼으로 발전할 수 있을 것이다. 또한 이러한 변화는 교육 방식에도 영향을 줄 수 있을 뿐 아니라 대학의 가치와 평가 기준의 변화에도 영향을 미칠 수 있을 것이다. 기존의 대학 서열이나 명성 위주의 평가 대신, 학생들의 실질적인 역량과 직무 능력, 그리고 산업계와의 연계성이 새로운 평가 기준이 될 수도 있다. 학생들의 실제 성취와 잠재력을 정확히 측정하고 이를 효과적으로 보완하거나 강화하는 대학들이 높은 평가를 받게 될 날이 올 것이다.

마케팅에 활용

AI를 마케팅에도 효과적으로 활용할 수 있다. AI를 활용하여 고객 데이터를 분석하고, 개인화된 마케팅 전략을 수립할 수 있다. 사람들이 좋아할 만한 새로운 상품 개발 아이디어를 AI에게 물어보고 수정해서 출시할 수도 있다. 고객의 취향과 선호도에 맞춘 제품 추천과 맞춤형 프로모션을 제공함으로써 마케팅 효과를 높일 수 있다. 생성형 AI에게 홍보 스크립트 제작, 홍보 자료나 마케팅 영상을 만들어달라고 부탁하면 바로 만들어준다. 노래를 만들어주는 AI로 회사에 가장 적합한 노래도 만들어 넣을 수 있다.

교육 기관에서도 AI를 활용한 마케팅 전략을 수립할 수 있다. 예를 들어, 잠재적 입학 지원자들에게 맞춤형 입학 정보를 제공할 수도 있고 홍보 아이디어를 얻거나 홍보 영상을 만들 수도 있다.

본격적인 AI의 물결은 이미 우리 가까이에 와 있다. AI 기업들의 시가총액과 AI 개발에 몰리는 자금의 액수를 보면 AI 기술이 얼마나 빠르게 성장하고 있는지 알 수 있을 것이다. 지금 자신의 비즈니스나 교육 기관을 대상으로 AI 활용 방안을 모색해보자. AI와의 연결을 통해 기업은 경쟁력을 강화할 수 있으며, 교육 분야에서는 교육의 질을 개선할 수 있을 것이다.

AI 기술을 활용해 효율성을 높이고 비즈니스 모델을 혁신하여 새로운 기회를 만들어보자. AI가 비용을 절감해줄 수 있는 방법이 있는지, 성과를 더 높여줄 수 있는 방법이 있는지, 새로운 것을 만들어낼 수 있는 방법이 있는지 지금 바로 고민해보자.

Jieun's insight

- 인간은 AI와는 달리 하고 싶은 것이 있고, 새로운 문제를 발견하고 정의할 수 있는 고유한 능력을 가지고 있다. 창의적으로 표현하고 싶은 것을 표현하고, 해결하고 싶은 문제를 해결하는 것이 우리가 할 일이다.
- 데이터를 기반으로 하는 AI와는 달리 인간은 개인마다 다른 경험, 직관, 감정, 상상력 등 다양한 요소를 통합하여 독창적으로 문제를 해결할 수 있다.
- AI에게 반복되고 지루한 작업은 맡기고 인간은 창의적 문제해결 놀이를 하면서 재미있고 의미있게 세상에 공헌하자.

4장

창의적 문제해결력으로 즐겁게 특별해지기

01

AI 시대의
생존 전략

AI 시대, 누가 살아남을 것인가?

인간이 하던 많은 일을 이제 AI가 할 것이라는 말이 여기저기서 들려오고 있다. 이미 여러 기업에서 AI로 대체를 하면서 해고되는 사람들이 나오고 있다. 이것을 보면서 체감도 하게 된다. 사무실에서 "이 데이터를 엑셀 파일에 입력하고 표로 그려서 분석해주세요"라는 상사의 지시를 받는 모습이 없어질 수도 있다. 이러한 일들은 이제 AI에게는 너무나도 쉬운 일이 되어버렸기 때문이다. AI는 단 몇 초 만에 데이터를 정리하고, 분석하며, 미래를 예측하는 작업을 수행할 수 있다.

또한 AI는 디자인과 광고 제작 같은 창의적인 영역에서도 빠른 속도로 발전하고 있다. "이런 사람들을 대상으로 이런 느낌의 상품을 만들고 싶은데 디자인을 해줘. 광고도 만들어줘"라는 요청에도 바로 응한다. 과거에는 디자이너와 마케터들이 머리를 맞대고 아이디어를 짜내며 오랜 시간과 노력을 들여야 했던 작업들이다. 비용이 많이 드는 경우도 있었다. 이제 수많은 디자인과 광고를 학습한 AI가 창의적인 결과물을 바로 보여준다.

다음과 같은 시나리오를 통해 한번 생각해보자. AI 기술이 지금보다 더 발전해서 앞에서 언급한 일들을 포함한 많은 일들을 인간보다 더 잘 수행한다는 가정을 하자.

당신은 한 회사의 CEO다. AI 도입으로 인해 직원들 중 두 명만 남겨야 하는 상황이다. 당신은 가장 남기고 싶은 사람 네 명의 리스트를 가지고 있다. 네 명은 다음과 같다. 이 중 최종적으로 남기고 싶은 두 사람은 누구인가?

직원 1 분석·보고서 작성에 필요한 일을 매우 잘함. 데이터 처리와 분석에 있어 뛰어난 역량을 보유하고 있음. 엑셀, SPSS, R 등의 통계 프로그램을 능숙하게 다룸. 데이터 시각화 능력과 보고서 작성 능력도 뛰어나며, PPT 제작도 잘함. 영어도 잘해서 가끔 업무에 필요한 번역도 함.

직원 2 현재 회사에서 제품 패키징, 브로슈어 디자인, 웹사이트 디자인 등 다양한 일을 담당하고 있음. 국내외 우수 디자인 사례를 바탕으로 비슷하지만 새로운 디자인을 만들어낼 수 있음.

직원 3 CEO 느낌의 직원. 회사의 문제를 잘 찾아내고 그 문제를 해결하기 위해 AI에게 효과적으로 일을 시키는 능력이 있음. 각 문제 상황에 가장 적합한 최신 AI를 선택하고 효과적으로 활용함. AI의 출력물을 해석하고 적용하는 데 탁월한 역량을 보임.

직원 4 AI가 생성한 디자인을 단순히 수정하는 데 그치지 않고, 이를 독창적이고 의미있게 만드는 능력이 탁월함. 여기에 독특한 스토리텔링 기법을 더해 단순한 시각물을 넘어 감동과 메시지를 전달할 수 있도록 함. 창의성이 있어서 AI에게 번역이나 통역을 시킬 때에도 재미있는 스토리를 넣어서 매우 재미있는 결과물이 나올 수 있음. 감정 전달이 잘되었는지를 판단하고 수정할 수 있는 영어 실력을 갖추고 있음.

 직원 1은 데이터 입력과 분석 능력이 뛰어나지만, AI가 이러한 작업을 더 빠르고 정확하게 수행할 수 있기 때문에 대체해도 큰 문제가 없다. 직원 1이 수행하는 영어 번역 수준은 AI도 할 수 있기 때문에 이 또한 AI가 대체할 수 있다.
 직원 2는 디자인 제작 능력이 있지만 AI가 이 부분도 상당히 잘 처리할 수 있다. AI에게 기존의 디자인들을 학습시키면 AI가 그것을 바탕으로 창의적인 결과물을 만들 수 있기 때문이다.
 직원 3은 회사의 문제를 해결하고 생산성 향상과 혁신에 기여할 수 있다. 회사가 빠르게 변화하는 환경에 적응하고 지속적으로 성장할 수 있도록 도울 수도 있다. 이러한 전략적 사고, 문제 발견과 문제해결 능력은 AI가 대체하기 어려운 인간 고유의 역량이므로, 직원 3의 역할은 중요하다.
 직원 4는 AI의 결과물을 인간적인 감성과 스토리텔링으로 더욱 풍부하게 만들어낼 수 있다. 번역이나 통역의 경우에도 AI의 도움으로 본인이 표현하고 싶은 것을 표현할 수 있기 때문에 이렇게 잘 표현해서 넣을 수 있는 사람이 더 가치가 있다. 물론 영어를 잘해서 AI가 번역한 것의 의미가 정확한지, 감정을 잘 표현했는지를 판단하고 수정할 수 있어서 더욱 좋다. 이러한 능력 또한 AI가 쉽게 모방하기 어려우므로, 직원 4의 역할은 중요하다.

AI 시대에 생존할 수 있는 인재는 AI가 할 수 있는 일을 하거나 AI가 주는 답을 수동적으로 받아들이는 것이 아니라 1) 문제를 발견하거나 하고 싶은 것이 많고 2) 문제나 원하는 것의 본질을 파악하며 3) 그 문제를 해결하거나 하고 싶은 것을 하기 위해 창의적인 방법을 찾아내고 4) AI와 효과적으로 협업하며 5) AI가 문제해결을 위해 제공하는 결과물을 향상시키고 이것에 인간의 손길을 더해 더 독창적이고 인상 깊은 결과물로 만들어내는 능력이 뛰어난 사람일 것이다.

이런 인재는 AI에게 무엇을 시킬지를 계속해서 생각할 것이다. 어떤 문제를 해결하기 위해 "이런 것을 해야겠네. 이것을 해달라고 AI에게 부탁해야겠다"라고 창의적으로 생각하는 사람, AI에게 문제해결을 위해 독창적인 명령을 내릴 수 있는 사람, AI가 만들어낸 결과물에 자신만의 독특한 색을 입힐 수 있는 사람이 미래에 살아남게 될 것이다.

AI 시대에 빛나는 인간 고유 능력

최근 문제해결 과제를 위해 ChatGPT와 같은 생성형 AI와 협업할 때의 인간-생성형 AI 협업 유형을 조사한 연구가 발표되었다. 이는 인간 리더, AI 리더, 균등한 기여 세 가지의 인간과 생성형 AI 협업 유형을 파악한 연구다. 그 결과, 77.21%의 학생이 AI와 협업할 때 자신이 주도하거나 동등하게 기여했다고 인식했다. 한편 15.19%의 학생은 AI가 협업을 주도했다고 답했다. 우리는 여기에서 77.21%가 아닌 15.19%에 주목할 필요가 있다. 이는 자칫하면 인간이 AI에 의존할 수 있는 잠재적 경향을 보여주기 때문이다.●

실제로 요즘 일부 아이들은 스스로 생각하는 것을 귀찮아하거나 어려워하는 경우가 있다. 더욱이 AI 기술이 발전함에 따라, 단순히 AI가 제시하는 답변이나 결정을 무비판적으로 따르는 위험성이 있을 수도 있다.

AI와 인간의 협업이 증가하는 가운데, 인간의 주도성과

● Zhu, G., Sudarshan, V., Fok Kow, J., & Ong, Y. S. (2023). Human-Generative AI Collaborative Problem Solving: Who Leads and How Students Perceive the Interactions. arXiv. https://arxiv.org/abs/2305.13048

함께 인간의 고유한 창의성을 발휘하는 것이 더욱 중요해지고 있다. 인간의 창의성은 문제를 발견하고 정의할 때 그리고 이를 독창적으로 해결할 때 반드시 필요하다.

예를 들어, '언브레이커블 인재'라는 제목의 코믹하면서도 의미 있는 영화를 만들고 싶다는 생각은 오직 인간만이 할 수 있다. AI는 지시에 따라 극본을 쓰고 영화를 제작할 수 있지만, 그 영화의 필요성을 인식하고 기획하는 것은 인간의 주도성과 창의적 사고의 결과다. AI의 결과물을 비판적으로 평가하고 개선하는 것도 인간만의 고유한 능력이다. 윤리적 판단과 인간만의 경험, 직관을 바탕으로 AI의 결과물을 보완하고 발전시켜야 한다. 인간만의 독창적인 아이디어와 윤리적 판단, 그리고 감성적 접근이 AI의 효율성과 만날 때, 우리는 혁신적이면서도 가치 있는 결과물을 만들어낼 수 있을 것이다.

여기서 인간 고유의 역량은 다음과 같은 방식으로 발휘될 수 있다.

문제 인식 "이런 문제가 있네, 이를 해결할 방법을 찾아보자."

독창적 접근 "이 주제로 코믹하면서도 의미 있는 영화를 AI의 도움으로 만들어보면 어떨까?", "나만의 특별한 경험을 어떻게 이 작품에 창의적으로 녹여낼 수 있을까?", "내가 가진 독특한 시각이나 능력을 어떻게 활용할 수 있을까?"

감성적 요소 추가 "캐릭터의 내면 감정을 어떻게 더 섬세하게 표현할 수 있을까? 감동적인 순간을 어떻게 만들어 낼 수 있을까?"

윤리적 고려 "이 내용이 사회에 어떤 영향을 미칠까?"

 당신의 직업이나 전문 분야에서 AI가 대체할 수 없는 고유한 가치는 무엇인가? AI 시대, 당신의 생존 전략은 무엇인가? 당신의 자녀를 위해서는 어떤 전략이 필요할까?

02

사람들은
'창의적 문제해결 마법사'를
기다린다

창의적인 문제해결과 단순 문제해결은 다르다

사람들은 창의적인 문제해결 마법사를 기다린다. 우리 주변에는 수많은 문제가 존재하고, 사람들은 이를 해결해줄 마법 같은 해결책을 기다리고 있다. 사람들이 제품을 구매하거나 서비스를 이용하는 이유는 대부분 어떤 문제를 해결하고 싶어서다. 예를 들어, 부모들은 아이의 학습을 도와줄 '마법의 학습지'를 찾는다. 피부 고민이 있는 사람들은 마법처럼 효과 있는 화장품을 원한다. 모두 자신의 문제를 창의적으로 해결해줄 '마법사'를 기다리고 있는 것이다.

따라서 현대의 마법사들은 먼저 사람들의 문제를 깊이

이해해야 한다. 그리고 그 문제를 해결할 수 있는 마법의 도구(제품이나 서비스)를 만들어내야 한다. 이러한 마법사가 되기 위해서는 단순히 문제를 해결하는 것으로는 부족하다. 더 나은 방식으로, 더 효율적이고, 더 창의적으로 문제를 해결하는 것이 중요하다. 매뉴얼에 따라 기계적으로 문제를 해결하는 것은 진정한 마법이 아니다. 창의적인 문제해결은 새로운 관점에서 문제를 바라보고, 예상치 못한 방식으로 해결책을 찾아내는 것이다. 학생들에게 과제를 줄 때에도 단순 문제를 해결하는 과제보다는 창의적으로 해결할 수 있는 과제를 주어야 하는 이유 중 하나일 것이다.

현대 사회는 복잡하고 다양한 문제로 가득 차 있다. 이러한 상황에서 우리에게 필요한 것은 '단순 문제 해결사'가 아니다. 창의적이고 혁신적인 사고로 새로운 가치를 창출할 수 있는 '창의적 문제해결 마법사'다. 주변의 문제에 관심을 가지고 창의적인 사고로 접근하여 끊임없이 새로운 해결책을 모색한다면, 우리도 누군가에게는 문제를 해결해주는 마법사가 될 수 있을 것이다. 그리고 이러한 능력은 개인의 성공에도 직접적인 영향을 미칠 것이다. 창의적 문제해결 능력은 직장에서 더 높이 평가받을 수 있도록 도와주며, 사업에서 새로운 기회를 발견할 수 있도록 하고, 학업에도 도움이 될 것이다.

가정에서의 창의적인 문제해결

사람들은 자신의 문제를 해결해주는 사람들을 원한다! 이 진리는 비즈니스뿐 아니라 가정 내의 사소한 문제에서부터 글로벌 이슈에 이르기까지 모두 적용된다.

가정에서는 일상의 문제가 자주 발생한다. 많은 가정에서 고민하는 문제를 들어보겠다. 부모는 아이의 공부에 관심이 많아서 아이를 어떻게 공부시켜야 하는지에 대한 강연도 듣고 실제로 적용도 해본다. 좋다는 사교육도 시켜본다. 그런데 문제는 아이가 하지 않는다는 것이다. 아무리 좋은 학습 환경과 방법을 제공해도 아이의 의지와 행동이 없다면 소용이 없다. 아이는 공부에 집중하지 못하고 게임만 하고 싶어한다. 이제 문제를 해결해보자. 공부를 안 하는 이유는 아이에 따라 다르고 이유도 다양하겠지만, 그중 가장 큰 이유는 재미가 없기 때문일 것이다.

게임을 쉬지 않고도 할 수 있는 열정이 있는 아이라는 것에 주목해서 이를 잘 활용해보자. 이 문제를 해결하기 위해 부모가 아이와 함께 창의적인 학습 도구를 만들어볼 수 있다. 예를 들어, 단어 카드 게임 같은 것을 만들어 학습을 놀이처럼 즐길 수 있게 하는 것이다. 아이가 특정 과목에 흥미를 느끼지 못한다면, 그 과목과 관련된 교육용 게임이나 앱을 활용하도록 할 수도 있을 것이다.

창의적으로 해결하는 다른 방법 중의 하나는 아이의 게임에 대한 흥미와 열정을 긍정적으로 활용하고, 미래형 교육을 가정에서 실천해보는 것이다. 아이와 함께 새로운 가능성을 탐구하며 즐겁고 의미 있는 학습 경험을 만들어갈 수 있다. 예를 들면, 아이의 게임에 대한 열정을 활용하여 게임 개발에 대한 관심을 유도해볼 수 있다. 게임을 직접 만들어볼 수 있는 기회도 제공한다. 온라인으로 제공되는 게임 개발 도구나 코딩 교육 플랫폼을 활용해 간단한 게임을 만들어볼 수 있도록 한다. 유튜브 영상을 보면서 스스로 공부해서 게임을 만들어보게 해도 좋다. 아이는 이 과정에서 코딩과 디자인뿐 아니라 창의 역량, 문제해결 역량, 자기주도 학습 역량 등 다양한 역량을 자연스럽게 배울 수도 있을 것이다.

무엇인가 제작하는 것은 싫어하는 아이라면 아이에게 유튜브나 블로그 등 디지털 플랫폼에서 자신의 게임 경험을 공유하고 리뷰를 작성하는 활동을 해보도록 하는 것도 창의적인 해결 방법이다. 이를 통해 글쓰기, 영상 편집, 콘텐츠 기획 등의 능력을 키울 수도 있다. 아이가 자신만의 콘텐츠를 창작하면서 흥미를 느낄 수도 있고 디지털 크리에이터로서의 가능성을 찾아낼 수도 있을 것이다. 아이와 함께 게임 관련 미래 직업에 대해 탐색해보는 것도 의미가 있을 것이다. 게임 개발자, 게임 디자이너 등 다양한 직업에 대해 알아보고 아이가 자신의 흥미를 미래의 직업과 연결시켜 필요한 공부를 할 동기를 만들어주는 것도 창의적인 해결 방법이다. 몰입하는 것이 학습과 진로 탐색에 도움이 될 수 있다는 인식을 갖고, 이를 긍정적인 방향으로 활용하도록 유도할 필요가 있다. 아이가 먹기 싫어하는 영양가 있는 음식을 좋아하는 음식에 살짝 섞어 먹이듯이, 아이가 좋아하는 활동에 학습 요소를 자연스럽게 포함시켜 학습 동기를 높여보자.

친구들을 위한 창의적인 문제해결

친구들 사이에서도 사소한 갈등이나 문제가 발생하기 마련이다. 당신이 몇몇 친구들과 함께 여행을 준비하고 있다고 가정해보자. 그런데 목적지 선정에서부터 의견이 나뉜다. 일부 친구는 해변을 원하고, 다른 친구들은 산에 가고 싶어한다. 또 원하는 지역도 다 다르다. 이때 한 친구가 생성형 AI의 도움을 받아 각자의 관심사를 반영할 수 있는 여행 일정을 제안받고 이것을 친구들의 성향이나 사정에 맞추어 조금 수정한다. 예를 들면, 생성형 AI가 첫 이틀은 해변에서 보내고, 다음 이틀은 산악 지역에서 활동을 즐기는 것, 해변과 산악 지역이 모두 포함된 리조트를 선택하여 각자가 원하는 활동을 개별적으로 즐기는 것 등 몇 개를 제안한다. 이 친구는 이 중 자신의 친구들에게 가장 적합한 안을 선택하고, 이것을 친구들의 상황이나 관심사에 맞게 수정하여 친구들에게 제안한다. 이렇게 문제를 해결해준 친구의 영향력은 커질 수밖에 없다.

사업에서의 창의적인 문제해결

사업 분야에서 창의적 문제해결 역량의 중요성은 굳이 언급할 필요도 없을 것이다. 실제로 창의적으로 문제를 해결하여 사업에 성공한 사례는 셀 수 없이 많다. 그중 에어비앤비Airbnb는 숙박 업계에서 고객들이 직면한 두 가지 주요 문제를 해결하고자 했다. 하나는 비싼 숙박비 문제다. 호텔 숙박은 비용이 많이 들고, 호텔이 아니더라도 인기 여행지의 숙박비는 비싸다. 특히 장기적으로 체류를 하는 경우에는 숙박비 부담이 더 클 수밖에 없다. 다른 하나는 숙소 제공자들이 자신의 빈 공간으로부터 수익을 창출하고 싶은데 마땅한 방법이 없다는 것이다. 사용하지 않는 방이나 공간을 가지고 있거나, 일정 기간 동안 거주를 하지 않는 경우에는 빈 공간을 활용해 수익을 올리고 싶을 것이다.

이러한 문제를 창의적으로 해결하기 위해 에어비앤비는 기존 숙박 산업의 틀을 깨고 새로운 접근 방식을 도입하게 된다. 에어비앤비는 온라인 플랫폼을 통해 숙소 제공자와 여행자를 직접 연결하는 아이디어를 낸다. 중간 매개체 없이 양측이 직접 소통하고 거래할 수 있게 된 것이다. 여행자들에게 더 많은 선택권을 주고 독특한 여행 경험이 가능하도록 하는 아이디어도 냈다. 이러한 창의적인 문제해결 방식은 전 세계적으로 호평을 받게 된다. 더 저렴하고, 개성 있는 숙박 방법을 누가 싫어하겠는가?

스타트업 세계에서 자주 언급되는 드롭박스Dropbox도 창의적인 문제해결의 결과다. 보스턴에서 뉴욕으로 가기 위해 기차역에 간 드롭박스 개발자는 USB를 가져오지 않았다는 것을 알게 된다. USB에 필요한 자료가 들어 있었는데 가지고 오지 않았으니 당황스러웠을 것이다. 그 순간 그는 여러 파일을 쉽게 동기화하고 공유할 수 있는 서비스가 필요하다는 아이디어를 떠올렸다. 그는 많은 사람들이 같은 문제를 겪고 있다는 것을 알게 된다. 그리고 이를 해결하기 위한 솔루션을 제시하고 성공을 거두게 된다. 드롭박스 소프트웨어 코드의 첫 줄이 보스턴 기차역에서 쓰여졌다고 말하는 이유도 이것이다.

에어비앤비나 드롭박스처럼 일상적인 문제를 기회로 바꾸고 혁신적인 솔루션을 제공하는 데에는 창의적 문제해결 역량이 필수적이다. 창의적 문제해결 역량은 단순히 문제를 해결하는 것이 아니라, 혁신을 주도하고 세상을 변화시키는 핵심 역량인 것이다.

에너지 위기나 교육 불평등 이슈와 같은 국가 차원의 문제에 대해서도 창의적 문제해결이 필요하다. 국가의 경계를 넘은 글로벌 차원의 문제도 마찬가지다. 실제로 빌 게이츠 재단은 보건, 교육, 빈곤 완화 등 다양한 글로벌 이슈와 관련된 창의적인 솔루션을 제공하고 있다. 이러한 노력은 문제해결자로서 빌 게이츠의 영향력을 더욱 강화시키게 되는 것이다.

이제는 많은 대학과 기업들이 창의성과 문제해결 능력을 갖춘 인재를 선호한다. 국내외 많은 대학들은 선발 과정에서 학생의 창의적 문제해결 역량을 평가한다. 구글, 애플, 삼성과 같은 글로벌 기업들도 창의적 문제해결 능력을 갖춘 인재를 채용하기 위해 노력한다.

창의적인 문제해결자는 각자의 커뮤니티와 사회에서 중요한 가치를 제공한다. 당신의 주변에 당신이 창의적으로 해결해줄 수 있는 문제는 무엇이 있을지 생각해보자.

03

철학자처럼 질문하고 문제를 제시하자

질문에서 출발하는 창의적 문제해결력

"AI도 문제를 해결해줄 수 있을까?" 물론 가능하다. 앞에서 친구들의 문제를 해결한 경우에도 AI의 도움을 받았다. "AI도 질문을 할 수 있을까?" 물론 가능하다. 인간이 질문을 만들어달라고 요청하면 만들어준다. 그렇지만 스스로 문제를 발견하고 제시하지는 못한다.

AI는 못하는 이런 문제 발견 능력을 길러야 한다. 그리고 창의적인 문제 발견과 해결을 위해서는 질문을 잘해야 한다. 질문은 당연하게 여기던 것을 새로운 관점에서 바라볼 수 있게 해준다. "왜?"와 "어떻게?"는 혁신적인 해결책을 생각해내도록 유도한다. 우리의 사고를 확장시키기도 한다. 창의적인 문제해결은 단순히 기존의 지식을 활용하는 것을 넘어, 새로운 관점에서 문제를 바라보고 독창적인 해결책을 찾는 과정이다. 이 과정의 시작은 질문이다.

미국 대통령이었던 버락 오바마Barack Obama가 기자 회견에서 우리나라 기자들에게 특별히 질문 기회를 주는 일이 있었다. 너도나도 오바마에게 질문을 하고 싶어서 경쟁이 치열했던 터라 질문의 기회는 매우 특별했다. 그런데 막상 기회를 얻은 한국 기자들은 아무도 나서서 질문을 하지 않았다. 이 사건은 화제가 되었는데 사실 기자들에게만 해당되는 문제는 아니다.

이와 관련해 다음 두 사례를 비교해보자.

첫 번째 사례, 학생들은 학교에서 선생님의 일방적인 강의를 듣는다. 학생들은 질문을 하면 주목받는 것이 부담스럽고 눈에 띄는 게 싫어서 웬만하면 질문을 하려고 하지 않는다. 질문을 하면 혹시라도 자신이 부족해 보이거나 다른 친구들에게 방해가 될까봐 참기도 한다. 어른이 되어 사회에 나가서도 여전히 질문하는 것을 불편해한다. 잘못된 질문을 할까봐, 다른 사람들이 이상하게 볼까봐 질문하지 않는다. 소위 나대는 사람이 될까봐 조심하기도 한다.

직장 상사의 말에 질문을 던지면 반항하는 직원으로 비칠 수 있어서 주의하고, 상사의 지시를 따르는 것이 가장 안전한 방법이라 여긴다.

두 번째 사례, 학생들은 학교에서 신문 기사를 읽고 각자 책상에 앉아 질문을 만든다. AI 프로그램은 학생들이 만든 질문을 평가해서 별점을 준다. 학생들은 좀 더 창의적이고 흥미로운 질문을 만들어내기 위해 머리를 쓴다.

한 학생이 질문을 만들어 입력하고 별 3개를 받았다. 점수가 조금 아쉽지만 재미로 하는 것이기 때문에 실망하지 않는다. 그래도 별 5개를 받고 싶은 마음이 들어서 좀 더 창의적인 질문을 만들어 입력한다. 그러자 AI는 별 5개를 주며 호기심을 보여주는 좋은 질문이라고 칭찬한다.

AI만 학생들의 질문을 평가하는 것이 아니다. 학생들은 자신들의 질문을 공유하며 동료 평가를 한다. 좋은 질문에 대해서는 서로 칭찬을 한다. 학생들은 질문을 만드는 것이 단순히 답을 찾기 위한 것이 아니라, 사고를 넓히고 깊이를 더할 수 있다는 것을 배운다. 질문을 통해 더 많은 것을 배우고, 친구들과 질문을 나누는 즐거움을 알게 된다. 학생들은 엉뚱한 질문을 하는 것도 두려워하지 않게 된다. 이들은 세상에 나가서도 끊임없이 질문을 하는 연습을 한다.

직장에서도 자유롭게 질문하고 창의적으로 문제를 해결할 수 있는 연습을 하는 것이다.

첫 번째 사례와 유사한 우리나라와 같은 교육 환경에서 학생들은 질문하는 것을 두려워하고, 이러한 태도는 AI 시대에 필요한 창의적 사고와 문제해결 능력을 발휘하는 데 장애가 된다. 두 번째 사례는 미국의 사례로 스탠포드 교육대학원 폴 김Paul Kim 교수는 질문을 평가하고 피드백을 주는 AI 프로그램 '스마일'SMILE, Stanford Mobile Inquiry based Learning Environment을 만들었다. 이렇게 질문하는 것을 재밌고 자유롭게 배운 학생들은 AI 시대에 더 적합한 인재로 성장할 가능성이 높다. 이들은 질문하는 것에 익숙하며, 창의성과 호기심이 담긴 질문을 통해 문제를 깊이 있게 탐구할 수 있다.

AI의 잠재력을 깨우는 질문력을 강화하는 법

언제부터인가 하브루타Hevruta 교수법이 인기를 끌고 있다. 두 명의 학습자가 짝을 이루어 질문하고 토론하면서 서로의 생각을 공유한다. 하브루타는 질문이 많아야 한다. 질문이 없으면 대화나 토론이 제대로 이루어질 수 없다. 유대인 엄마들은 아이들에게 질문하는 것을 가르쳤다. 이것이 그들의 창의성을 높여주는 방법이었다. 이러한 질문의 힘으로 많은 노벨상 수상자를 배출했는지도 모른다.

소크라테스의 대화법Socratic dialogue은 고대 그리스 철학자 소크라테스가 사용한 철학적 대화 방법이다. 소크라테스의 대화법도 질문을 통해 사고를 자극하고, 새로운 관점을 발견하게 한다.

그러나 가끔 소크라테스의 대화법을 적용할 때 단순히 질문만 하는 경우도 볼 수 있다. 수업이나 교육에 적용할 때에는 단순한 질문과 답변을 넘어 철학적 사고를 촉진해야 한다는 것을 염두에 두어야 한다. 소크라테스의 대화법은 대화를 통해 스스로 진리에 접근하도록 돕는 것이다. 따라서 깊이 있는 질문을 통해 학생들이나 아이들이 스스로 사고하고 결론에 도달하도록 효과적으로 유도해야 한다.

AI는 강력한 도구이지만 그 잠재력을 끌어내는 것은 인간의 질문력이다. 우리가 던지는 질문의 질에 따라 AI의 답변도 달라진다. AI는 우리가 세상의 문제를 제시하고, 질문하기를 기다리고 있다. AI에게 지금까지 다른 사람이

하지 않았던 새로운 질문을 해보자. 창의적이고 통찰력 있는 질문을 해보자.

질문력을 강화하기 위해 "왜?"라는 질문으로 근본 원인을 탐색해보자. "만약에…"로 시작하는 질문으로 새로운 가능성을 상상해보는 것도 효과가 있다. "어떻게 하면…?"이라는 질문으로 창의적으로 해결책을 모색해보자. 기존의 문제를 질문 형태로 바꾸면 관점이 달라진다. 예를 들어, "우리 아이는 영어를 싫어해"라는 문제를 "왜 우리 아이는 영어를 싫어할까?", "어떻게 하면 영어를 재미있게 배울 수 있을까?" 등의 질문으로 바꿔보는 것이다.

다양한 관점에서 질문을 만들어보고, 때로는 상식을 뒤집는 질문도 시도해보자. 이런 연습을 통해 우리는 AI가 하지 못하는 창의적 문제 발견과 해결 능력을 키울 수 있다. 이것이 바로 우리가 그리고 우리의 아이들이 AI 시대의 언브레이커블 인재가 되는 첫걸음이다.

04

AI의 대량 생산 창의성과 인간의 장인 창의성

AI의 창의성과 인간의 창의성은 다르다

AI 기술의 급속한 발전으로 인해 AI가 인간의 창의성을 위협할 수 있다는 우려가 제기되고 있다. 그러나 AI의 창의성과 인간의 창의성은 본질적으로 다른 특성을 지니고 있으며, 인간만의 고유한 창의성은 여전히 가치를 지닌다.

AI의 창의성은 주어진 데이터를 기반으로 한다. 방대한 양의 정보를 분석하고 패턴을 인식해 새로운 조합을 만들어낸다. 대부분 미리 정의된 알고리즘에 따라 작동하며, 이 범위를 벗어나기 어렵다. 물론 창의성이 부족한 사람들의 경우에는 AI의 도움을 어느 정도 받을 수는 있을 것이다.

인간의 창의성은 단순한 정보 처리를 넘어서는 복합적인 과정이다. 우리의 내면에 있는 영감, 직관, 감정, 윤리 의식, 그리고 다양한 경험들이 상호작용하여 독특하고 혁신적인 아이디어를 만들어낸다. 이러한 요소들의 조화는 AI가 쉽게 모방할 수 없는 인간만의 고유한 특성이다.

우리는 창조자의 눈으로 세상을 바라보고 내면의 창의적 잠재력을 깨워서 꿈꾸는 미래를 현실로 만들 수 있다. 이는 개인의 삶뿐만 아니라 사회 전체를 변화시킬 수도 있다. 하지만 이러한 변화를 실현하기 위해서는 단순히 창의적인 아이디어를 가지고 있는 것만으로는 충분하지 않다. 우리는 그 창의성을 실제 문제해결에 적용하고, 우리의 아이디어를 다른 이들과 공유하며, 구체적인 행동으로 옮겨야 한다. 창의성은 문제해결과 같은 행동과 결합될 때 비로소 진정한 가치를 발휘한다.

AI는 인간의 창의 과정을 보조하고 효율성을 높이는 도구로 활용될 수 있다. 그러나 창의적이고 혁신적인 문제해결은 여전히 인간의 영역이다. 우리는 AI와 협력하면서도 인간만의 창의성을 계속해서 발전시키고 발휘해야 할 것이다.

창의적 문제해결 훈련법

창의성에 대한 정의는 다양하다. 새롭고 유용한 아이디어 창출이라고 정의하거나 새로운 결과물 창출에 초점을 맞추어서 정의하는 경우가 많다. 정의는 다양하지만 보편적으로 창의성이란 새롭고 상상력이 넘치는 생각, 계획, 꿈들을 현실로 바꿔놓는 능력을 의미한다. 상상한 것을 바탕으로 무엇인가를 만들어내거나 문제해결과 연결해보는 것이 중요하다.

창의적 문제해결력을 기르기 위해 자신이 또는 자녀와 함께할 수 있는 네 가지 훈련을 제안한다.

많이 던지기

'창의성'이라는 말을 할 때 자주 언급되는 것이 '확산적 사고'Divergent Thinking라는 표현이다. 확산적 사고는 문제해결 과정에서 다양한 아이디어와 해결 방법을 창출해내는 것이다. 예를 들어, "나의 창의적 문제해결 역량을 강화하려면 어떻게 해야 할까?"라는 질문이 있다. 최대한 많은 아이디어와 해결 방법을 내는 것이다. 자신의 문제를 해결할 때, 아이디어 회의를 할 때, 막 던지다가 보면 하나는 좋은 것이 나오겠지라는 생각으로 최대한 많은 아이디어를 내보자. 마인드 맵핑Mind Mapping 기법을 활용해봐도 도움이 될 것이다. 중심에 문제를 적고, 관련된 아이디어를 가지처럼 연결해나가는 것이다. 각 가지에서 다시 세부적인 아이디어를 뻗어나가게 한다. 아이디어가 점차 확대될 것이다.

다르게 생각하기

자주 언급되는 말이지만 다르게 생각해 보아야 한다. 여기서 다르게란, 고정관념이나 편견을 깨는 것을 포함하여 다른 사람의 입장에서 생각하는 것, 경계나 한계를 허무는 것도 포함한다. 개미와 베짱이 이야기에서 '정말 베짱이는 나쁠까?'를 생각해보는 것이다. 'AI에게 일을 시키고 창의적인 일을 하고 있는 것은 아닐까?'도 생각해보고, 개미의 입장이 아닌 베짱이의 입장에서도 생각해보는 것이다.

　다른 사람의 입장에서 생각하는 것은 다양하게 적용할 수 있다. 게임만 하는 아이가 있다면 그 아이의 입장이 되어보거나, 또는 다른 분야의 전문가가 되어보거나, 게임 프로그래머의 입장도 되어보자. 상담사의 입장이 되어보는 것도 좋겠다. 생성형 AI에 프롬프트를 넣을 때 보통 어떤 역할을 준다. 우리 자신에게도 다양한 역할을 주고 그 입장에서 생각해보는 것이다.

해결하려는 문제를 반대로 생각해보는 것도 방법이다. "어떻게 우리 아이가 게임을 더 많이 하게 할 수 있을까?"라고 질문해보는 것이다. 자신이 무의식적으로 만들어둔 경계도 허물어보자. 공부와 게임의 경계를 없애고 게임을 통해 재미있게 공부할 수 있도록 하는 것이다.

서로 관련 없어 보이는 두 가지 개념이나 물건을 연결시켜 새로운 아이디어도 만들어보자. 기존의 기법들을 활용해볼 수도 있다. 알렉스 오스본Alex Osborn의 체크리스트법은 다양한 각도에서 문제를 분석하고 새로운 아이디어를 찾을 수 있도록 돕는 질문들을 체크리스트 형태로 보여준다. 예를 들면, 다음과 같은 질문들에 대해 생각해보는 것이다. 다른 용도로 사용할 수 있는가? 응용할 수 있는가? 변경할 수 있는가? 확대할 수 있는가? 축소할 수 있는가? 대체할 수 있는가? 재배열할 수 있는가? 반대로 할 수 있는가?

물러서서 보기

살다가 보면 가끔은 정말 해결하기 힘들어 보이는 골치 아픈 문제에 당면할 때가 있다. 이때 대부분 사람들은 문제에 압도당하게 된다. 눈앞에 있는 문제는 너무 거대하다. 너무 복잡하다. 나의 모든 에너지를 빨아들인다. 해결할 길이 보이지 않는다. 문제에 짓눌려 너무 괴로울 때 어떻게 해야만 할까?

해결하기 어려워 보이는 문제와 직면했을 때는 생각하기를 잠시 멈춘다. 뒤로 물러서서, 더 넓은 시야로 그 문제를 바라본다. 마치 독수리가 되어 높은 하늘을 날고 있다고 생각해보자. 그토록 거대하게만 보이던 문제가 아주 작아 보일 때까지 점점 더 높이 올라가자. 문제로부터 더 멀리 떨어져보자. 그럼 거대해 보이기만 했던 문제가 내려다보이면서 아주 작아질 수 있을 것이다.

두려움과 불안이 있으면 창의적으로 문제를 해결하기가 힘들다. 우리가 문제의 중심에 서 있다면 방향을 잃을 수도 있다. 문제에서 잠시 벗어나라. 감정을 넣지 말고 중립적으로 생각하자. 더 작게 만들고 부분으로 분해해보자. 그리고 그 작은 조각들을 차례로 해결해나가자. 문제해결 자체에 초점을 맞추기보다 '이 문제를 어떻게 바라볼까?', '어떻게 접근할까?', '어떤 방법으로 도움을 받아볼까?'를 생각해보는 것이다.

무엇인가 창의적인 아이디어가 나오지 않을 경우에도 불

안감을 느끼게 된다. 이때도 물러서서 보자. 물러서면 긴장이 풀린다. 운동을 할 때도 힘을 빼는 것이 중요한 것처럼 힘을 빼보자. 우리의 사고는 더욱 유연해진다. 물러서는 것은 도피가 아니다. 예상하지 못한 순간, 갑자기 창의적인 아이디어가 떠오를 수 있도록 의도적으로 물러서자.

해결하기 어려운 문제와 마주치면 일단 문제에서 빠져나와야 한다. 별것 아니다. 조금 어려운 퀘스트일 뿐이다. 지금 당장 창의적인 아이디어가 나오지 않아도 된다. 고민하는 힘이 있다면 언젠가는 틀림없이 떠오를 것이다. 물러서서 여유와 여백을 만들어보자.

AI가 못하는 것 해보기

인간의 창의력은 단순한 데이터의 집합에서 나오는 것이 아니라, 영감, 감정, 잠재의식, 그리고 자아 인식과 같은 내면 요소들과 밀접하게 연결되어 있다. 창의력과 연결된 요소들을 더욱 발달시킬 수 있는 활동을 해보면 좋다. 자연 속에서 아름다움과 신비함을 관찰해보는 것도 좋겠다. 자연의 섬세한 디테일에서 영감을 얻을 수 있을 것이다. 다양한 예술 작품을 감상하거나 음악을 들으면서, 예술가들의 눈으로 세상을 바라보는 것도 도움이 될 것이다. 새로운 경험을 해보자. 여행을 하거나 새로운 취미를 가져보자. 다양한 분야의 사람들과 교류하며, 그들의 경험과 지식을 나누어보자.

무엇보다 철학적으로 생각해보자. 철학적 사고는 창의력의 토대다. 철학은 근본적인 질문을 던진다. 인간 존재의 본질을 탐구한다. 이러한 철학적 접근은 창의적 사고를 확장하고 문제를 다양한 각도로 바라볼 수 있게 해준다. 철학자들의 사상에 대해서도 한번 공부해보자. 그들이 왜 이런 생각을 했을까? 이런 심도 있는 생각을 한번 해보자.

나의 내면과도 만나보자. 창의력은 자신의 진정한 자아와의 깊은 연결에서도 나올 수 있다. 진정한 자아를 발견하고 내면의 소리에 귀를 기울여보자. 잠재의식도 창의력의 원천 중 하나다. 우리의 잠재의식은 새로운 연결을 만들기도 한다. 꿈, 직관, 명상 등의 방법을 통해 잠재의식에 접근해보자. AI와 협업하여 내가 초월자가 되어 세상을 변화시킬 수 있는 힘을 가지고 있는 것을 믿고 나만이 가진 역량을 성장시켜보자.

05
모니터링과 필터링을 멈추고 놀이를 하자

창의성을 잃는 이유가 무엇인지 생각해보자

창의성에 대해서 이야기 할 때 미국의 컨설팅 전문가 조지 랜드George Land의 '창의성 실험' Creativity Test, 1968이 자주 언급된다. 그는 1,600명의 5세 어린이들을 대상으로 실험하였다. 그리고 98%가 높은 수준의 창의성을 가지고 있다는 것을 알게 된다. 10세 아이들을 대상으로 실험한 결과, 높은 창의성을 지닌 아동이 30%로 하락했다. 15세의 경우에는 12%까지 감소했다. 성인을 대상으로 한 결과는 어떨까? 높은 창의성을 가진 성인의 비율은 2%에 불과했다.

이것은 인간은 본래 창의적으로 태어나지만 나이가 들

어감에 따라 창의성을 잃게 된다는 사실을 보여준다. 물론 최근의 연구 중에 반드시 아이들이 어른들보다 창의성이 더 높지는 않다는 연구 결과가 나오기도 했다. 그러나 일반적으로 나이가 들수록 창의성을 잃는 이유는 무엇일까?

정해진 패턴을 반복하고 관습을 따라가다 결국 창의성을 잃게 되는 듯하다. 정해진 답을 찾는 데 중점을 두는 교육도 하나의 이유가 될 것이다. 시험에서 높은 점수를 받기 위해서는 정답을 맞추는 능력이 더 중요하다. 많이 변화하고는 있지만 아직까지는 새로운 질문을 제기하고 창의적으로 답을 찾는 능력을 길러주는 교육이 부족한 부분이 없지는 않다.

개인의 심리적인 이유도 있다. 첫째, 창의성에 대한 오해가 있는 경우다. 창의성이 타고난 재능이라고 생각하는 사람들이 있다. '창의적인 사람은 따로 있다'는 생각에 자신이 창의적이지 않다고 느끼는 사람들은 창의성을 개발하려는 시도조차 하지 않는다. 물론 창의성은 어느 정도 타고나는 부분이 있다. 그러나 여러 연구로 증명된 결과에 따르면, 창의성은 훈련과 경험을 통해 더 발달될 수 있는 능력이다. 이렇게 자신의 능력이 고정되어 있다고 믿는 사람들은 새로운 도전이나 실패를 두려워하기 때문에 창의성이 더 떨어지게 된다.

둘째, 실패에 대한 공포와 두려움이다. 실패에 대한 두려움이 있는 사람들은 새로운 접근 방식을 시도하는 것을 주저하게 된다. 창의적인 방법은 때때로 실패를 수반한다. 나이가 들면서 실패에 대한 두려움이 생기고 창의적 과정을 저해하게 된다. 이러한 이유로 일상 생활에서나 직장에서 직면하는 문제들을 기존의 방법으로, 검증된 방법으로만 접근하려고 하는 것이다. 스스로 경계나 한계를 만들어놓고 그 안에서 해결하려고 한다.

스티븐 크라쉔 Stephen D. Krashen의 모니터 이론은 언어교육에서 유명한 이론이다. 우리가 언어를 사용할 때, 때때로 우리는 학습한 규칙을 의식적으로 '모니터링'하며 이를 수정하는데, 지나치게 모니터링하는 것이 의사소통의 자연스러움을 저해한다고 주장한다.

이러한 모니터링의 문제는 창의적인 문제해결 과정에서도 비슷한 장벽으로 작용되는 듯 보인다. 창의성은 유연성과 개방성이 요구된다. 그런데 우리가 자기 검열을 너무 많이 하거나 모든 생각을 지나치게 분석하면 새로운 아이디어를 억제하게 된다.

크라쉔의 이론에서 또 다른 중요한 개념은 '정서적 필터'

다. 학습자가 스트레스, 두려움, 불안감 등 부정적인 정서를 느끼면 이는 언어 습득의 장벽으로 작용할 수 있다는 것이다. 이 또한 창의적인 문제해결 과정에서도 적용되는 듯하다. 부정적인 정서는 우리가 창의적인 아이디어를 내는 것의 장벽이 될 것이다.

언어를 배우는 과정에서 끊임없이 자신이 말하는 것이 맞는지 틀린지 검열하고 불안감을 느낀다면 유창하게 대화할 수 없다. 경직된 태도와 딱딱한 말투로 의사소통의 자연스러움도 잃게 된다. 창의적인 문제해결 과정에서도 마찬가지다. 우리가 너무 자주 맞는지 틀리는지를 생각하며 모든 아이디어를 과도하게 분석하고 검토한다면 새롭고 혁신적인 문제해결 아이디어를 내기가 힘들 것이다. 이는 자녀들에게도 마찬가지로 적용된다. 아이들이 자유롭게 아이디어를 표현하고 실험할 수 있는 환경을 조성하는 것이 필요하다.

놀이하듯 문제를 해결해보자

MIT 미디어랩의 석좌 교수 미첼 레스닉 Mitchel Resnick은 그의 책 《미첼 레스닉의 평생유치원 Lifelong Kindergarten》●에서 어린 시절의 놀이와 탐구가 평생 지속될 수 있는 교육 환경을 구축하는 방법과 네 가지 창의 코드(4P), 프로젝트Project, 열정Passion, 동료Peers, 놀이Play를 소개한다. 레스닉과 여러 학자들은 어린아이처럼 호기심을 유지하고, 열정적으로 다양한 경험을 쌓으며, 놀이하듯 하는 학습이 창의성을 높이는 데 도움이 된다고 주장한다.

어린 시절, 아이들은 친구들과 뭔가를 만들거나 문제를 해결해나가면서 즐거운 시간을 보낸다. 창의적인 활동은 놀이다. 그런데 학교에서 학생들에게 팀 활동에 대해 물어보면 '극혐'이라고 표현하는 경우도 있다. 교실이나 직장에서 마주하는 '창의적인 문제해결 프로젝트'는 왜 놀이가 될 수 없을까?

강제로 주어진 과제, 정해진 틀, 그리고 평가에 대한 부담이 가장 큰 이유일 것이다. '함께 만들어가는 즐거움'이 아닌 '함께 제출해야 하는 숙제'인 것이다.

창의적인 문제를 해결하는 즐거움을 느낄 수 있는 기회를 만들어주는 것이 중요하다. 교사들이, 그리고 직장에서 프로젝트를 놀이처럼 할 수 있는 환경을 만들어주는 것이

- Resnick, M. (2017). Lifelong kindergarten: Cultivating creativity through projects, passion, peers, and play. MIT Press.

다. 그리고 무엇보다 우리 스스로가 교실을, 직장을, 그리고 이 세상을 다시 우리의 놀이터처럼, 게임장처럼, 여행지처럼 생각해보는 것도 도움이 될 것이다.

06

해외 사례와 실제 수업 사례

창의적 문제해결 역량 교육

21세기 학습 프레임워크 Framework for 21st Century Learning, OECD의 DeSeCo Defining and Selecting Key Competencies 프로젝트 그리고 OECD 교육 2030 OECD education 2030 프로젝트는 현대 사회의 복잡하고 다양한 문제를 해결하고 성공적인 삶을 살기 위해 필요한 역량에 대해 강조하고 있다. 그리고 교육 시스템이 지식 전달을 넘어서 학습자들에게 필수적인 삶의 기술을 가르쳐야 한다고 하며 이를 위한 방법도 제시한다. 창의적 문제해결 역량은 이러한 필수 기술 중 하나로, 새롭고 복잡한 문제에 대해 유연하게 사고하고 혁신적인 해결책을 도출할 수 있는 능력을 말한다.

세계 각국의 교육 시스템도 이러한 변화에 발맞추고 있다. 핀란드와 싱가포르, 캐나다를 포함한 여러 나라들이 창의적 문제해결 역량을 강화하는 데 중점을 두고 있다. 학생들이 여러 학문 분야를 통합하여 실제 문제를 창의적으로 해결하도록 한다. 예를 들어, 저출산 문제를 주제로 설정하면 학생들은 다양한 관점을 통합하여 해결책을 모색한다. 교사들의 역할도 변화되었다. 단순한 지식 전달자가 아닌 가이드와 촉진자의 역할을 한다. 창의성 촉진을 위한 교육을 받기도 한다.

독일의 경우에는 직업 교육 시스템, 특히 이중 직업 교육 시스템Dual Vocational Training System이 유명하다. 이론 교육과 실습을 결합하여 산업 현장과 연계해 현장의 문제를 해결할 수 있는 역량을 기른다. 이 시스템으로 학생들은 졸업 후 바로 현장에 투입될 수 있다. 이외에도 뮌헨 대학교LMU를 포함한 여러 대학에서 창의적 문제해결 역량을 강화하기 위해 혁신적인 프로그램을 도입하고 있다.

미국 스탠포드 대학교의 경우에도 학생들이 "Thinking Matters"와 같은 과정을 통해 복잡한 문제를 다양한 관점에서 분석하고 해결할 수 있는 능력을 개발하도록 한다.

이 과정은 과학·기술·예술·인문학 등 여러 분야의 접근 방식을 통합하여 제공하며, 학생들은 이러한 통합적 접근을 바탕으로 창의적 문제해결 능력을 키우게 된다.

우리나라에서도 창의적 문제해결 역량을 강화하기 위한 교육과정과 다양한 정책이 시행되고 있다. 2022 개정 교육과정도 창의성을 포함한 미래 사회가 요구하는 역량을 길러주고자 한다. 이를 위해 학생 참여형 수업을 활성화하고 문제해결과 사고의 과정을 중요하게 생각하며 이를 평가하도록 한다.

"도전적 놀이 수업" 사례 및 수업 가이드

이제 교육의 세계화가 시작되었다고 할 수 있다. 해외 유명 대학들의 오픈 코스 웨어OCW, OpenCourseWare, 즉 온라인 대학 교육 프로그램으로 국가 간 장벽과 경계는 더 빨리 허물어지고 있다. 오프라인 수업에서는 AI가 대체할 수 없는 역량을 키우는 새로운 교육 방식으로 전환하고 있다. 이미 해외 유명 대학들 중 강의를 줄이고 있는 대학들이 많다. 대면 수업에서는 창의적인 문제해결 역량을 함양시키기 위한 수업 방법으로 바꾸고 있다.

이제는 우리나라 대학의 수업도 많이 달라지고 있다. 다음은 영어교육과에서 예비 영어교사들을 대상으로 한 "문제해결 놀이 수업"의 예다.

교수는 학생들에게 이번 수업에서는 학습 목표와 관련된 문제를 해결하는 놀이를 할 것이라고 소개한다. 교수는 이것을 '도전적 놀이'라고 명칭한다. 그리고 해결할 문제를 준다(이 문제를 모델로 학생들이 문제를 수정하거나 스스로 새로운 문제를 만들어보도록 해도 좋다).

문제 제시
세계화와 디지털 기술의 급속한 발전으로 인해, 글로벌 커뮤니티에서의 효과적인 의사소통이 어느 때보다 중요해졌다. 즉 다양한 배경을 가진 사람들 사이의 문화적 이해와 교류가 증가하면서, 언어 교육의 중요성이 부각되고 있다. AI와 에듀테크를 활용하여 언어 학습 효과를 높이는 방법을 고민해봐야 할 때다.

당신은 다국적 학습자들을 위한 혁신적 온라인 언어 교육 프로그램을 개발하는 팀원이다. 당신은 생성형 AI와 멀티모달 AI를 활용하여 능력을 확장할 수 있고 표현하고 싶은 것을 더 잘 표현할 수 있다.
수업에서 배운 내용과 각자 조사한 내용을 바탕으로 "창의적으로", AI와 에듀테크를 활용한 언어 프로그램을 개발해야 한다.

이 결과물에 반드시 포함되어야 할 원칙이 있다.

1. 이 결과물은 반드시 윤리적이어야 한다.
2. 언어학적·영어교육학적 지식뿐 아니라 다른 분야의 지식, 기술이 융합되어야 한다.
3. 하이테크(멀티모달 AI, 메타버스 등)뿐 아니라 하이터치도 포함되어야 한다.
4. 에듀케이션 5.0에서 강조하는 부분, 특히 학생들이 행복해지는 교육이 될 수 있도록 한다.
5. 창의 역량을 포함하여 미래에 필요한 역량도 강화할 수 있어야 한다.
6. AI가 생성한 결과물을 그대로 쓰면 안 되고 인간의 수정이 포함되어야 한다.

그렇지만 이 결과물보다도 중요한 것은 과정이다. 가장 멋진 문제해결 과정을 만들어보자.

문제가 너무 어렵다고 생각할 수도 있다. 그렇지만 인간은 어려운 문제를 해결하는 것을 더 재미있어 하는 경우가 있다. 당신도 그럴 것이다.

팀 구성 및 역할 분담

교수가 문제를 제시하면, 학생들은 이를 해결하기 위한 '길드'를 구성한다. 학생들은 각자의 역할을 부여한다. 예를 들면, 팀리

더, 언어 전문가, AI 전문가, 디자인 전문가, 문화 전문가 등 다양한 페르소나별 책임자를 정하거나 다른 창의적인 방법으로 역할을 정한다. 역할 놀이를 하듯 재미있게 역할을 정하는 것이다. 팀 규칙도 만들어서 공유한다.

테크놀로지 소개 및 디지털 윤리와 역량 교육

수업 중 생성형 AI, 메타버스를 포함한 다양한 테크놀로지의 기능에 대해 소개하고 필요에 따라서는 사용 방법을 배운다. 이때 장단점과 윤리적으로 활용하는 방법에 대한 교육을 포함한다. 이외에도 국가교육과정 분석, 미래에 필요한 역량 소개, 역량을 평가하는 방법도 배운다.

문제 분석 및 전략 수립

이런 과제를 제시하면 요즘 학생들이 늘상 하는 질문이 있다.
"앱을 만들어야 하는 건가요?"
코너스톤 디자인Cornerstone Design, 키스톤 디자인Keystone Design, 캡스톤 디자인Capstone Design 수업을 포함한 여러 수업에서는 당연히 앱의 콘텐츠를 만들거나 디자인하는 것으로 오해하는 학생들도 있다. 이 수업에서는 무엇이든 만들라고 한다. 영어교육 앱 외에도 문제를 해결할 수 있는 교수학습 지도안, 활동수업자료 모음집, 수행평가자료 모음집, 인터랙티브 웹사이트, VR/AR 학습 프로그램, 특수목적을 위한 영어교육 프로그램, AI를 활용한 보드게임, AI 기반 퀴즈 플랫폼, 자동 피드백 시스템, 온라인 스터디 그룹 플랫폼을 포함하여 다양한 것을 만들 수 있다.

학생들은 먼저 문제에 대해서 철학자와 같이 생각한다. 그리고 이 문제를 해결할 전략을 세우게 된다. 자신들이 알아야 할 개념, 이론, 방법 등도 명확히 한다. 이 프로그램을 활용할 대상도 정한다.

자원 탐색 및 정보 수집

학생들은 다양한 출처에서 정보를 수집한다. 단순히 정보를 모으는 것에 그치지 않고 비판적 사고를 통해 그 정보의 신뢰성과 관련성을 평가한다. 이 과정에서 생성형 AI, 학술 논문, 신뢰할 수 있는 웹사이트, 전문 서적 등을 활용하여 자신들의 아이디어와 가설에 대한 팩트체크를 하기도 하고 현장 전문가들과의 인터뷰나 설문 조사를 통해 실제 상황에 대한 통찰을 얻기도 한다. 타 학과 또는 외부 전문가의 자문도 얻는다. 현장에 있는 선배를 초청하기도 한다. 이 과정에서는 자기주도적 개별학습과 협력학습을 병행한다.

아이디어 생성, 문제 해결 및 결과물 제작

이제 수업에서 배운 내용과 조사한 자료를 바탕으로 아이디어 브레인스토밍을 하고 창의적으로 문제를 해결한다. 이 과정에서 학생들이 조사한 것, 생각한 아이디어 등을 다 기록하도록 한다. 그리고 이것을 포트폴리오에 포함하도록 한다. 학생들이 기록한 것을 바탕으로 개인 점수를 부여하기도 한다.

학생들은 다양한 해결 방법을 제시하고, 토론을 통해 가장 적절한 해결책을 선택한다. 학생들이 토론을 할 때에는 동기를 높이고 상호작용을 활성화하기 위한 여러 방법들을 사용할 수 있다. 예를 들면, 당근마켓의 활동 배지처럼 질문을 가장 많이 한 학생에게는 "질문의 달인" 배지를 주는 등 토론 참여도나 기여도에 따라 배지를 부여하거나, 게임에서 아이템을 얻는 것과 유사한 보상을 줄 수도 있다.

결과물을 제작할 때에는 AI를 활용하기도 한다. 중요한 것은 AI가 만든 결과물을 더 멋지게 만들기 위해서 학생들이 아이디어를 모아서 수정해야 한다는 것이다. 이 과정에서 학생들은 스스로를 장인이라고 생각하고, AI의 결과물을 비판적으로 평가하고 개선하며, 교육적 가치와 사용자 경험을 고려하여 결과물을 개선한다. 실제 교육 현장에서 적용 가능한 수준의 결과물을 완성하는 것을 목표로 한다.

피드백 및 수정

동료 학생들과 교사의 피드백을 반영하여 수정한다. 동료 피드백을 할 때에는 LMS Learning Management System의 게시판을 활용하거나 페들렛Padlet, 잼보드Jamboard 등의 에듀테크 도구를 활용하기도 한다.

이때 AI 피드백을 받는 것도 잊지 않는다. AI의 피드백을 받을 때에는 영어교육자의 입장에서 피드백을 해달라거나 사용자의 입장에서 피드백을 해달라는 등 역할을 주기도 한다.

최종 결과물 발표

학생들은 피드백 내용을 바탕으로 수정 후 최종 결과물을 발표한다. 발표라고 하면 PPT를 제작하는 것만 생각할 수 있는데, 멀티모달 AI를 활용하여 프레젠테이션, 동영상 제작, 그림책 등 다양한 형식으로 할 수 있다. 그리고 발표의 마지막에는 말로써 본인이 느낀 점이나 어떤 메시지를 전달해야 한다.

여기에서 또 하나 주목할 것이 있다. 이 수업에서는 발표 자체보다 Q&A와 토론을 강조한다. 교사가 질문에 대한 점수를 부여하기도 한다.

결과물 및 성과 공유

학생들이 만든 것을 SNS에 공유하거나 실제 현장에 적용해볼 수 있도록 하기도 한다. 교실에서 배운 것을 교실 밖으로 확장시킬 수 있어야 한다. 학생들은 스스로 문제를 해결하고 공유한다는 자부심을 느낄 수도 있을 것이다.

평가 및 자기 성찰

학습 목표와 과제의 특성에 맞는 평가 기준을 설정하고 루브릭 형식으로 미리 제시한다. 동료 평가의 경우에는 팀 내의 팀원 간 평가와 팀 간 평가를 모두 수행한다. 교수자 평가의 경우에는 학생들의 학습 과정과 결과를 종합적으로 평가한다.

자기 성찰도 잊지 않는다. 학생들은 모든 과정을 마친 후 자기 성찰을 해도 되지만 매일 일기처럼 매 수업 후 하는 것을 권장한다. 교수자도 매학기 CQI Continuous Quality Improvement 작성을

> 하겠지만 이외에도 매 수업 이후 자기 성찰을 하는 것이 좋다.

이 수업은 HC-TPACK Human Competency-Technological Pedagogical Content Knowledge 수업 모델을 적용한 문제 기반 학습 PBL, Problem-Based Learning 수업이다. 기존 TPACK의 CK(내용 지식), PK(교수 지식), TK(테크놀로지 지식)에 미래사회에 필요한 인간 중심 역량 HC을 추가한 것이다.● HC-TPACK 수업 모델에서는 각 지식 간의 상호작용과 밸런스가 중요하다. 예를 들어, 테크놀로지에 매몰되어 수업 내용을 충분히 가르치지 못하는 일이 없어야 하는 것이다.

전형적인 학습자 중심 수업으로, 교수는 가이드와 촉진자의 역할을 한다. 교수자가 HC-TPACK 역량을 갖추고 있어야 한다. 내용 지식과 교수방법에 대한 지식, 그리고 테크놀로지 활용 기술에 AI 시대에 필요한 인간의 역량(창의적 문제해결 역량, 융합 역량, 비판적 사고 역량, 협업 역량 등) 지식도 있어야 한다.

과정이 중요하다는 것을 느낄 수 있도록 지도해야 한다.

● 김지은 (2024). HC-TPACK 모형 개발 및 적용: 테크놀로지 활용 및 인간 역량 강화의 통합적 영어교육을 중심으로. 영어어문교육, 30(1), 25-39.

학생들의 진행 상항을 모니터링하면서 수준을 고려해 개별적으로 도와주기도 한다. 실제 프로젝트에 팀원으로 참여해서 함께 문제를 해결해보기도 한다. 학생들이 멀티모달 리터러시를 바탕으로 다양한 방법으로 문제를 해결하고 표현할 수 있도록 지도한다. 상호작용을 촉진하고 다양한 질문으로 창의적인 생각도 촉진한다. 최대한 놀이처럼 즐겁게 할 수 있는 분위기를 만들어준다. 그러면서도 교수는 학생들이 이 활동을 통해 교과 내용, 테크놀로지 활용법, 디지털 윤리 그리고 미래에 필요한 역량까지 균형 있게 배울 수 있도록 한다. 교수가 이런 수업 방법을 잘 모르거나 각 단계별로 촘촘히 적용하지 않는 경우에는 말 그대로 학생을 내버려두는 수업이 되어 수업의 효과가 없다.

창의적 문제해결 역량을 기르기 위한 교수법에는 여러 가지가 있다. 이는 학생들이 실생활에서 복잡한 문제를 효과적으로 해결할 수 있도록 돕는 것을 목표로 한다. 대표적인 것으로는 앞의 예시와 같은 PBL과 리빙랩Living Labs이 있다. 이외에 코너스톤 디자인, 키스톤 디자인, 캡스톤 디자인 수업이나 다양한 프로젝트형Project-Based Learning 수업에서 창의적인 문제해결 역량을 기를 수 있다. 학생들은 실제 문제를 해결하는 과정에서 학습한다. 학생들은 그

룹으로 나뉘어 문제를 정의하고, 문제해결을 위한 전략을 개발한다. 그리고 학습한 내용을 바탕으로 해결책을 제시한다.

이러한 수업에서는 교사의 역량이 매우 중요하다. 흉내만 낸 수업은 표면적으로는 흥미롭고 혁신적인 방법을 사용하는 것처럼 보일 수 있지만, 실제로는 학생들이 창의적 사고 역량을 포함한 미래에 필요한 역량을 효과적으로 강화할 수 없다. 이제는 그 어느 때보다도 교수방법을 잘 아는 교사가 필요할 때다. 교사가 수업 장인, 마에스트로가 되어야 한다.

교육의 세계화 시대에 우리도 이 흐름에 동참하여 창의적 문제해결 역량을 갖춘 글로벌 인재를 양성하는 데 모든 노력을 기울여야 할 것이다.

07

AI가 만들어준 여유로 인생의 궁극적인 목적을 달성하자

인생의 궁극적인 목적은 무엇일까?

인간은 왜 이 세상에 존재할까? 삶의 궁극적인 목적은 무엇일까? 이 질문은 인류의 가장 오래된 고민 중 하나일 것이다. 철학자들도 오랫동안 이 문제에 대해 깊이 생각하고 토론해왔다. 어떤 이는 행복 추구가 삶의 목적이라고 말하고, 또 다른 이는 사랑을 나누는 것, 더 나은 세상을 만드는 데 기여하는 것이 존재의 이유라고 한다.

심리학자 매슬로우 Abraham Harold Maslow는 인간의 기본적인 욕구를 단계적으로 설명하는 매슬로우의 욕구 단계 이론을 제시했다. 여기에서 인간의 최상위 목적은 자아실현이다. 이것은 자신의 잠재력을 최대한 발휘하고, 창의성과 자율성을 추구하는 과정에서 이루어진다 한다.

장-도미니크 보비Jean-Dominique Bauby는 프랑스의 유명 패션지《엘르Elle》의 편집장이었다. 그는 1995년 갑작스러운 뇌졸중으로 인해 의식은 살아있지만 움직일 수 있는 것은 오직 왼쪽 눈꺼풀만이었다. 그를 도와주려는 사람들은 보비의 왼쪽 눈꺼풀 움직임을 사용하여 글을 쓰는 아이디어를 제안한다. 눈을 깜빡이는 방식으로 글을 쓰는 과정은 매우 느리고 힘든 일이었지만, 보비는 매일 꾸준히 글을 써내려갔다. 결국 그는 자신의 경험과 생각을 담은 자서전 《잠수종과 나비The Diving Bell and the Butterfly》를 완성하게 된다.

이것은 많은 사람들에게 영감과 용기를 주었다. 창조적 의지는 신체적 한계를 넘어설 수 있다는 것을, 창의적인 활동을 하고자 하는 것은 인간의 본질적인 욕구이자 자아실현의 수단임을 보여준다.

마인크래프트Minecraft라는 게임은 출시된 후 전 세계적으로 인기를 끌었다. 이 게임의 인기 비결은 무엇일까? 사실 이렇게 정해진 목표가 없는 게임이 인기를 끌 수 있을지 의문을 가진 사람들도 있었다. 목표는 플레이어가 정하면 된다. 이 마인크래프트의 인기에는 여러 이유가 있겠지만

이 중 하나는 이 게임이 플레이어에게 거의 무한한 창의적 자유를 제공한다는 것이다. 게임 내에서 플레이어는 자신만의 세계를 자유롭게 건설할 수 있다. 이는 인간이 자유롭게 창조하는 것을 본능적으로 즐긴다는 사실을 반영한다. 마인크래프트에서 플레이어가 자신만의 세계를 만들어나가듯 AI와 협력이 가능한 이 세계에서는 AI와 함께 새로운 것을 만들어나갈 수 있다. AI의 도움으로 지금까지는 표현하지 못했던 자신의 창의성을 마음껏 표현해보자.

AI가 인간의 궁극적 목적 달성을 돕는다

데이터 입력, 간단한 보고서 작성 등 직장인의 반복적인 업무들을 AI가 대신하기 시작했다. 기업은 새로운 프로젝트에서 혁신적인 아이디어를 제안하고, 문제를 창의적으로 해결하며, 회사 성장에 기여할 수 있는 사람, 리더의 역할을 잘할 수 있는 소수의 사람만을 필요로 할 때가 올 것이다. 이로 인해 많은 사람들이 일자리 감소를 우려하고 있다.

그러나 AI가 반복적인 업무들을 줄여줌으로써 인간의 궁극적인 목적을 달성하는 데에 도움을 줄 수도 있다고 생각해보자. AI가 단순 업무를 대체함으로써 인간은 더 창의적이고 의미 있는 활동에 집중할 수 있는 여유를 갖게 되었다. 인간이 더 많은 시간을 본질적인 가치와 목적을 추구하는 데 사용할 수 있도록 AI가 돕는 것이라고 볼 수 있다.

우리는 AI의 발전을 두려워할 것이 아니라, 이를 통해 새로운 가능성을 탐구하고 자신의 존재 목적을 실현할 수 있는 기회로 삼아야 한다. AI가 만들어준 여유를 창의적인 생각으로 채우는 것, 그것이 바로 AI 시대를 살아가는 우리가 할 일이다.

당신은 AI를 통해 어떤 존재 목적을 실현할 수 있기를 바라는가? AI가 당신의 일상 업무를 대체한다면, 그 여유 시간을 어떻게 활용하고 싶은가?

08

인류에 공헌하는 인재가 되자

AI 시대의 클래시한 인재 교육

현대의, 미래의 클래시한Classy한 인재는 어떤 특징을 가질까?

2008년에 피터 디아만디스Peter Diamandis와 레이 커즈와일Ray Kurzweil이 공동 설립한 싱귤래리티 대학교Singularity University는 NASA 연구 센터에 있다. 싱귤래리티는 기술적 특이점Technological Singularity을 의미하며, 이는 AI가 인간의 지능을 초월하는 순간을 가리킨다. 싱귤래리티 대학교는 대학의 명칭에 걸맞게 AI 시대의 리더를 양성하기 위해 설립된 교육 기관으로, 최상위 인재들에게 관심을 받았다. 싱귤래리티 대학교는 실습과 프로젝트 기반 학습을 중심으로 학생들에게 문제해결 능력과 융합 역량을 기를 수 있는 프로그램을 제공한다. 그러나 이 대학의 가장 큰 목표는 단순히 지식을 전달하는 것에 그치지 않는다. 인류가 직면한 도전 과제들을 해결하고, 이를 통해 긍정적인 변화를 이끌어내는 것이 더 큰 목적이다.

아이비리그 대학들을 포함하여 전세계적으로 유명 대학들의 인재상에도 '인류를 위해 기여할 수 있는 사람'이 대부분 포함되어 있다.

미래의 클래시한 인재는 학문적 성취를 넘어, 인류의 발전에 기여할 수 있는 윤리의식과 실천력을 갖춘 사람이다.

모두를 위한 문제해결

AI와 과학 기술의 발전으로 인간의 능력이 증폭되었다. 그런데 이렇게 인간의 힘이 커진 만큼 그 힘을 사용하는 것에 신중함이 더 필요하다. 이제 인간은 스스로가 지구상의 생물과 동물에 미치는 영향을 인식하고 있어야 한다. 그리고 이러한 영향력을 책임감 있게 활용해야 한다. 주변의 사람들은 물론, 환경과 다른 생명체를 돌보고 보호하는 데

앞장서야 한다. 지속 가능한 발전을 추구해야 한다. 진정한 리더가 되어야 한다. 이제 인간은 인간만이 아닌 다른 생명체와 지구, 환경도 다 보살피는 리더가 되어야 하는 것이다.

실제로 사람들도 변화하고 있다. 재활용을 하고, 텀블러나 장바구니를 들고 다니는 등 환경 문제나 기후 문제를 해결하기 위한 다양한 노력을 하고 있다. 기후 변화와 환경에 민감한 MZ 세대를 일컫는 엠제코MZ+Eco라는 용어가 등장하기도 했다. 이들은 친환경 놀이로 환경을 보호한다. 해변에서 빗질을 하듯이 쓰레기와 표류물을 줍는 비치코밍Beachcombing, 조깅을 하며 쓰레기를 줍는 플로깅plogging 등 모두 창의적으로 환경 문제를 해결하려는 노력이다.

환경 문제를 창의적으로 해결하고 있는 브랜드 프라이탁Freitag은 충성도 높은 팬층을 가지고 있다. 프라이탁은 1993년 프라이탁 형제에 의해 설립된 스위스의 회사다. 트럭 방수천으로 쓰고 버린 원단을 재활용해 가방을 만들고, 자동차 안전벨트를 재활용해 가방끈을 만든다. 이러한 지속 가능한 제조 방식은 특히 젊은 소비자들 사이에서 큰 호응을 얻었다.

하비에르 고예네체Javier Goyeneche가 창립한 스페인 패션

브랜드 에콜프ECOALF는 해양 폐기물, 특히 바다에서 수거된 플라스틱 병뿐 아니라 폐그물, 폐타이어 등 다양한 재활용 소재로 의류와 액세서리를 제작하는 지속 가능한 친환경 브랜드이다. 이 브랜드는 단순한 판매를 넘어, 지속 가능한 생활 방식과 환경 보호의 중요성을 전달한다. 에콜프 역시 충성도가 높은 팬 층을 확보하고 있다.

인간이 관심을 갖고 문제를 해결해야 할 대상은 환경만이 아니다. MBC 다큐멘터리《휴머니멀》은 아프리카에서 밀렵단이 상아를 얻기 위해 코끼리를 죽이는 이야기, 태국 동물원에서 관광을 목적으로 코끼리를 학대하며 키우는 이야기를 포함해 인간이 자신의 이익을 위해 동물을 살해하거나 괴롭게 하는 사례들을 소개하여 사회적 충격과 반향을 불러일으켰다. 그리고 이러한 문제를 해결하기 위해 앞장서고 있는 사람들의 노력도 소개되었다.

앞으로 더 많은 능력을 갖게 될 우리는 동물을 비롯해 지구에서 함께 살아가는 생명을 위해 창의적인 문제해결 역량을 발휘해야 한다. 예를 들어, 밀렵을 방지하기 위해 첨단 기술을 활용한 해결책을 제안할 수 있다. 동물 복지를 향상시키기 위한 법적 규제와 교육을 제안할 수도 있다.

전 세계를 위한 창의적 문제해결로 다양한 분야에서, 모두를 위한 긍정적인 변화를 일으키고, 미래를 재정의하는 인재가 되어보자.

Jieun's insight

- 우리의 높은 교육열을 대학 입학만을 위한 것이 아닌,
  평생학습과 자기혁신으로 확장하자.
- 자신을 스타트업처럼 관리하자. 브랜딩, 리스킬링, 업스킬링을 하고
  자신만의 스토리와 시나리오를 만들자.
- AI 시대, 어떤 직업이 사라지고 생겨날지 모른다.
  설레는 진로를 찾고 워크플레이하자.

5장

자기혁신력으로 평생 성장하면서 워크플레이 하기

01

자신을 '스타트업' 하자

급변하는 직업 세계, 당신의 전략은?

스타트업Startup은 혁신적인 아이디어나 기술을 바탕으로 한 신생 기업을 말한다. 링크드인LinkedIn의 공동 창립자인 리드 호프먼Reid Hoffman과 기업가 벤 카스노카Ben Casnocha가 함께 쓴《어떻게 나를 최고로 만드는가The Start-up of You》*는 개인의 경력 관리와 개인 발전을 스타트업 기업을 경영하듯이 관리하고 발전시켜야 한다는 메시지를 주고 있다. 변화하는 사회에서 지속 가능한 성공을 위해 자신을 하나의

---

* Hoffman, R., & Casnocha, B. (2012). The Start-up of You: Adapt to the Future, Invest in Yourself, and Transform Your Career. Crown Business.

'스타트업'으로 보고, 지속적인 학습, 네트워킹, 리스크 관리 등 스타트업 기업의 전략을 적용해야 한다는 의미다.

제너레이션generation, 즉 세대를 나타내는 기간은 몇 년이라고 생각하는가? 정해진 것은 없는 듯하다. 한 세대는 대략 20~30년을 의미한다고 할 수 있다. 예를 들어, 베이비붐세대는 1946~1964년 출생이고 X세대는 1965~1980년 출생이다. 밀레니얼세대 또는 Y세대는 1981~1996년 출생, Z세대는 1997년 이후 출생 등이다. 그런데 현대 사회는 훨씬 더 빠르게 변화하고 있다. 20~30년이 아닌, 이제는 몇 년, 심지어 몇 개월 만에도 큰 변화가 일어날 수 있다. AI뿐 아니라 유튜브 등 다양한 요인들로 우리의 일자리는 빠르게 변화하고 있다.

지금의 변화를 산업혁명과 자주 비교한다. 그러나 1차 산업혁명은 주로 저숙련 노동자들의 직업에 영향을 미쳤다. 기계화로 많은 수작업이 자동화되어 저숙련 노동자들이 대규모로 실직했다. 한편 현재 진행 중인 AI 혁명은 단순 노동의 자동화를 넘어 고숙련 전문가와 지식 노동자들에게도 영향을 미친다.

AI 켄쇼Kensho가 수백 명의 트레이더가 한 달 동안 할 일을 몇 시간 만에 더 정확하게 해내자 수백 명의 트레이더가 해고된 일이 나의 일이 될 수도 있다. 이러한 변화를 이해하고 더 민첩하고 유연하게 대응하는 것이 중요하다. 지속적인 학습과 적응을 통해 AI 시대의 급변하는 환경에 대비해야 한다. 당신은 이 급변하는 직업 세계에서 어떻게 적응하고 성장할 것인가?

조직의 일원이 아닌, 스타트업처럼 자신을 운영하며 끊임없이 혁신하고 새로운 기회를 탐색하여 자신의 가치를 높여보자. 각자가 인생의 CEO 역할을 해보자. 현 직장을 유지하면서도 이러한 마인드셋을 가질 수 있다. 이를 위해 평생학습은 이제 필수다. 평생학습 역량을 키워 개인의 경쟁력을 강화하고 지속 가능한 커리어를 구축해보자.

성장 마인드셋과 자기혁신력이 무엇보다도 중요하다

캐럴 드웩Carol S. Dweck의 《마인드셋Mindset》[•]에서 언급된 것처럼, '아직 성장할 수 있다'는 믿음이 중요하다. 나이와 관계없이 지속적으로 커리어를 발전시키고자 하는 의지가

• Dweck, C. S. (2006). Mindset:The New Psychology of Success. Random House.

핵심이며, 특히 급변하는 일자리 시장에서 이런 태도는 더욱 중요하다.

우리 사회의 높은 교육열을 단순히 대학 입학을 위한 것이 아닌, 평생학습과 자기혁신을 위한 것으로 확장해야 한다. 성장 마인드셋을 통해 지속적인 자기혁신을 추구해야 한다. 이는 급변하는 직업 세계에서 성공적으로 적응하고 성장하기 위한 핵심 전략이 될 것이다.

자기혁신력은 어린 시절부터 노년기에 이르기까지 지속적으로 계발해야 한다. 특히 아이들에게는 자기주도적 학습 능력과 변화에 대한 적응력을 키워주는 것이 중요하다. 최상의 교육을 제공한다 해도, 아이 스스로 배우고 변화하려는 의지가 없다면 그 효과는 한정적일 수밖에 없기 때문이다. 이제 교육의 초점은 단순한 지식 전달을 넘어, 아이들이 스스로 학습하고 변화할 수 있는 능력을 기르는 데 맞춰져야 한다.

평생 동안 자신을 스타트업처럼 운영하며, 끊임없이 새로운 기회를 탐색하고 자신의 능력을 개발하는 것이야말로 미래의 불확실성에 대비하는 가장 효과적인 방법이다.

02

일과 놀이의 경계를
허물어보자

**AI 이전에도
일자리는 사라지거나 변화하였다**

시대의 변화는 노스탤지어를 불러일으키며 우리에게 과거와 현재, 미래의 직업들에 대해서 생각해보게 한다. 한국의 부모님들은 자식이 힘든 농사일을 하는 대신 회사에 취직을 하고 사무실에서 일하기를 원하기도 했다. 사무실에 주산을 잘하는 사람이 한 명씩은 있었기에, 없는 형편이지만 자식을 주산 학원에 보내게 된다. 어느 동네에서나 주산 학원들을 볼 수 있었다. 그러나 전자계산기, 컴퓨터의 보급으로 주산의 중요성은 급격히 줄어들게 된다. 주산 대신 컴퓨터 교육을 강화했고, 동네마다 넘쳐났던 주산학원들이 속셈학원, 보습학원으로 간판을 바꾸어 달았다. 기술의 발전이 직업의 변화에 얼마나 밀접하게 연관되어 있는지를 보여주는 사례는 이뿐만이 아니다.

한때 버스 안내원은 대중교통 시스템에서 빼놓을 수 없는 중요한 역할을 했다. 버스 안내원은 버스에서 승객에게 하차지를 안내하고, 요금을 받으며 출입문을 열고 닫는 역할을 했다. 유니폼을 입고, 버스 옆 차체를 두드리며 "오라이all right~"라고 소리치는 것을 기억하는 사람들도 있을 것이다. 그렇지만 자동화된 요금 수납 시스템과 자동문으로 안내원이라는 직업은 사라지게 되었다.

최근 업체에서 얼음을 배달하여 사용하기도 하고 가끔 아이스아메리카를 먹기 위해 편의점에서 얼음을 사기도 한다. 그런데 예전에 '얼음을 배달하는 사람'들의 모습은 지금과 사뭇 다르다. 냉장고가 발명되기 전, 겨울에 호수나 강에서 얼음을 잘라서 저장고에 보관했다가 큼지막한 얼음을 리어카에 싣고 배달을 하였고 무더운 여름철이 되면 이 얼음이 날개 돋친 듯 팔려 나갔다고 한다.

최근 보기 어려운 극장 간판 화가도 한때에는 영화관의 필수적인 존재였다. 이들은 새로 상영하는 영화나 공연을 알리기 위해 영화의 주요 장면이나 등장 인물을 직접 그려 넣어 영화나 공연에 대한 흥미를 불러일으켰다. 그러나 디지털 인쇄 기술과 디지털 미디어의 발전으로 이 직업이 사라졌다. 더 빠르고 저렴한 대량 인쇄, 컴퓨터 실사 간판, 온라인과 소셜 미디어를 통한 광고를 선택하게 된 것이다.

없어지기도 하지만 생겨나기도 한다

세계경제포럼WEF은 미래 일자리를 전망한 보고서 〈The Future of Jobs Report 2023〉을 발표했다. 이 보고서에 따르면, 5년(2023년~2027년) 동안 8,300만 개의 일자리가 대체되고 6,900만 개의 일자리가 창출될 것으로 예상된다. 특히 AI 및 기계학습 전문가, 지속가능성 전문가, 정보보안 전문가, 데이터 분석가 등 기술 관련 직업에서 일자리가 빠르게 성장할 것으로 예측했다. 반면 사무직, 은행원, 비서 등의 일자리는 디지털화 및 자동화에 의해 빠르게 감소할 것으로 전망했다.

'직업', '직종'이라는 말을 들었을 때 머릿속에 떠오르는 것을 다 써보자.

미래에는 이 중 많은 것이 없어질 것이며, 많은 것이 생겨날 것이다. 그리고 기존 직업이 전문화 또는 세분화되기도 하고 융·복합 직업이 생겨나기도 할 것이다.

우리는 기존 직업의 변화에 대응할 수 있을 뿐만 아니라, 이와같이 새롭게 등장하는 직업에서 기회를 발견하고 활용할 수 있는 능력을 길러야 한다. 더 나아가서는 새로운 직업을 만들어낼 수도 있어야 할 것이다.

고용시장이 픽셀화되었다

그런데 이제는 직업의 종류뿐 아니라 일하는 방식도 변화하고 있다. 엄밀히 말하면 일하는 방식에 대한 인식이 바뀌고 있다.

A는 컴퓨터공학을 전공한 후 소프트웨어 회사에서 일하기 시작했다. 초기에는 안정적인 수입과 직장 생활이 주는 만족감에 행복했다. 그런데 시간이 지날수록 답답함을 느끼기 시작했다. 다양한 경험을 할 수도 없었고 발전 없이 정체되고 있다는 느낌을 받았다. A는 퇴사를 하고 온라인 구직 플랫폼에 프로필을 등록했다. 처음 몇 개월은 규칙적인 수입이 없다는 것에 불안하기도 했다. 그렇지만 프리랜서로서 일할 수 있는 새롭고 도전적인 프로젝트를 확보하

기 위해서 포기하지 않고 노력을 했다. 노력은 결실을 맺기 시작했고, 다양한 클라이언트와의 프로젝트를 수행할 수 있었다. 어느 정도 수입이 보장되면서는 유연한 근무 시간을 활용하여 국내외의 여행지를 여행하면서 일하기 시작했다. 여행 중에도 프로젝트를 관리하고 클라이언트와의 커뮤니케이션을 했지만 이 시간이 스트레스를 주지는 않았다. 정해진 시간 동안 집중적으로 업무를 처리하고 나머지 시간 동안은 새로운 경험을 하거나 공부를 했다. 자신의 전문성을 SNS에서 홍보하면서 이전보다 더 많은 수입을 얻을 수도 있었다. 꿈꿔왔던 생활 방식을 실현하고, 자신의 시야와 전문성을 넓힐 수 있게 된 것이다.

HR 전문 애널리스트 조쉬 버신 Josh Bersin은 최근 미국인의 거의 40%가 시간제 또는 비정규직을 갖고 있고, 젊은 사람들의 거의 2/3가 부업을 하고 있다고 하였다. 1940년대와 1950년대에는 미국인의 2/3 이상이 평생 직업에 종사한 것과 대비가 된다.

여기에서는* 현재 고용시장의 모습을 "픽셀화"라는 단어로 표현했다. 이 '픽셀화된 고용 시장'에는 다양한 유형

---

* https://joshbersin.com/2019/06/the-pixelated-workforce-a-job-for-almost-everyone/

의 업무와 근무 형태가 공존한다. 전통적인 9시부터 오후 6시까지의 사무실 근무에서 벗어나, 원격 근무, 프리랜싱, 프로젝트 기반의 업무 등 다양한 근무 형태가 있다. 자신의 기술, 나이, 라이프스타일에 따라 자신만의 옵션을 선택하게 되는 것이다. 픽셀화된 노동 시장에서는 노동이 작은 단위의 과업으로 분할되어 거래되기도 한다. 예를 들어, 홈페이지를 만든다면 프로그래밍, 디자인, 번역 등의 작업이 세분화되어 개별 과제로 제공된다. 또한 디지털 플랫폼을 통해 구직자와 고용주가 연결되어 일시적인 계약 관계를 맺고 필요할 때에 즉시 고용되기도 한다. 최근 우리나라에서도 일하는 시간이 매우 짧은 초단기 근로자나 N잡러, 다양한 종류의 프리랜서가 많아지고 있는데 이와 비슷하다고 할 수 있다.

 예전과의 차이는 스스로 원해서 이렇게 일하는 사람이 늘고 있다는 것이다. 이런 변화는 단순히 일하는 방식만 바꾸는 게 아니라, 우리 삶에서 일이 차지하는 의미도 바꾸고 있다.

일만큼이나 삶이 중요한 사람들

"안녕히 계세요, 여러분! 전 이 세상의 모든 굴레와 속박을 벗어 던지고 제 행복을 찾아 떠납니다! 여러분도 행복하세요~~!"

퇴사할 때 단톡방에 올리는 글과 짤로 유행했던 일명 '가영이 퇴사 짤'이다. MZ세대 신입사원의 퇴사율이 높은 이유는 MZ는 일보다 자신의 삶을 중요하게 생각하기 때문이라고 한다. 이것은 다른 나라에서도 나타나고 있다. 심지어 아예 일하지 않겠다는 안티워크Antiwork족까지 나타나고 있다. 일하지 않아도 매달 돈이 입금되어서 평생 돈 걱정 없이 여유롭게 살아가는 방법, 즉 경제적 자유를 얻는 유튜브 영상이나 책은 큰 인기를 얻고 있다.

1인 미디어 크리에이터라는 새로운 직업이 생겨났다. 쉽게 말하면 유튜버와 같은 것이다. 이들은 자신만의 콘텐츠를 제작하고 자신의 SNS에서 대중과 직접 소통한다. 자신의 재능과 취미를 살리면서도 수익을 창출할 수 있다. 최근 노동 시장의 트랜드라고 할 수 있는 워라벨과 워라블이 있는 직업이라고 할 수 있을 것이다.

워라벨Work-Life Balance과 워라블Work-Life Blend은 모두 직장

과 개인 삶 사이의 균형을 찾는 개념이지만 차이가 있다.

워라밸은 '일과 삶의 균형'을 의미한다. 즉, 직장에서의 업무와 개인 생활 사이에 경계를 설정하고, 업무로 인한 스트레스가 개인의 삶에 영향을 미치지 않도록 관리하는 것을 중요하게 생각한다. 가능하면 정시에 퇴근을 하고, 근무 시간 외에는 업무 관련 연락을 받지 않고 취미 활동이나 가족과의 시간을 보내는 것이 그 예가 될 수 있을 것이다.

반면에 워라블은 '일과 삶의 조화'를 의미한다. 일과 개인 생활 사이의 경계를 유연하게 설정하고, 두 영역이 자연스럽게 혼합되도록 허용하면서 직업과 일상이 조화롭게 어우러지게 하는 것이다. 유연한 근무 시간, 원격 근무뿐 아니라 자신의 취미를 살린 직업 등을 통해 자기 성장과 행복을 함께 추구하는 것이 그 예가 될 수 있을 것이다. 덕업일치, 덕질좋아하는 것을 추구하는 활동과 업무가 같은 것도 해당된다.

디지털 노마드Digital Nomad란 인터넷 기술의 발달로 전 세계를 여행하며 스마트폰, 태블릿 PC, 노트북 등으로 일하는 사람들을 의미한다. 이들은 고정된 업무 공간에서 근무할 필요가 없으며 카페, 호텔, 해변 등 디지털 기기를 사용할 수 있는 곳 어디서든 원하는 시간에 업무를 할 수 있다. 프리랜서 작가라면 여러 나라를 여행하며 카페나 경치가 좋은 곳에서 노트북으로 글을 쓰면 된다. 프로그래머도 전 세계의 다양한 프로젝트에 원격으로 참여하며, 작업을 수행할 수 있다. 디지털 콘텐츠 크리에이터라면 콘텐츠를 제작 후 온라인으로 유튜브, 블로그 등 다양한 플랫폼을 통해 콘텐츠를 공유할 수 있다.

일과 삶에 대한 우리의 생각은 빠르게 변하고 있다. 과거의 안정적 직장 선호에서 벗어나 개인의 행복과 성장을 중시하는 경향이 강해지고 있다.

일의 가치와 재미를 찾자

일은 단순히 생계를 유지하기 위한 수단이 아니라 개인의 성장, 네트워킹, 사회적 기여, 그리고 자아실현의 방법이 될 수 있다. 자신에게 맞는 직업을 선택한다면 직업은 단순히 경제적 보상을 넘어서 자신의 능력을 발휘하고, 성장하며, 사회에 기여하는 수단이 될 수 있다.

직업職業은 '직'職과 '업'業 두 한자어로 구성되어 있다. '직'은 보통 '직무', '직위', '직책' 등을 의미하며 개인이 수행하는 특정한 역할이나 직무를 나타낸다. 한편 '업'業은 보다 광범위한 의미를 지니며 '일', '사업', '활동' 등을 포함하고 사회적 가치와 기여를 포함한다. '직'보다 원하는 '업'을 찾아보자. 그리고 이 일에서 재미있는 것은 무엇이 있을까, 가치있는 것은 무엇일까를 찾아보자.

지금 하고 있는 일을 재미있게 만들 수도 있다. 예를 들면, 대학 교수 A의 사례다. 대학에서 갑자기 학생들의 수업 소개를 동영상으로 만들어서 업로드 하라고 한다. 지금까지 텍스트로하던 방식을 바꾸니 불만을 갖는 교수들도 있다. 그런데 A는 이를 새로운 놀이로 받아들인다. AI를 활용하여 독특한 로고송을 만들어보거나 AI로 재미있는 이모지나 그림, 애니메이션을 추가한다. 수업 내용과 관련된 밈meme도 만들어서 영상에 삽입한다. 학생들이 재미있어 할 것을 생각하면 신이 난다.

A는 이 과정을 통해 새로운 기술을 익히고, 창의성을 발휘하며, 학생들과 새로운 방식으로 소통하는 법을 배운다.

A는 일을 단순한 의무로 보는 것이 아니라, 창의성을 발휘하고 즐거움을 찾을 수 있는 기회로 바라본다. 우리가 일과 놀이를 별개의 것으로 구분 짓지 않고, 둘을 조화롭게 융합할 수 있다는 가능성을 제시한다.

워크플레이하자work & play! 일과 놀이의 경계를 허물고, 일을 즐겁게 만들어보자. 일이 단순히 돈을 벌기 위한 수단이 아니라 우리의 열정과 창의성을 표현하는 놀이가 될 수 있다. 매일 아침 출근길, 우리의 마음가짐을 바꿔보자. "오늘도 일하러 간다"가 아닌 "오늘도 놀러 간다"라고 생각해보면 어떨까? 업무를 게임의 미션처럼 여기고, 동료들과의 협업을 팀 플레이로 생각해보면 어떨까? 이렇게 일을 놀이처럼 즐기다보면, 우리의 창의성은 더욱 빛나고, 더 빨리 성장하며 무엇보다 일상이 즐거워질 것이다.

03

설레는, 미칠 수 있는 것을 찾자

정체성의 혼란에서 기회를 찾자

'중2병'이라는 말을 많이 들어보았을 것이다. 요즘은 '대2병'이라는 표현도 있다고 한다. 대2병은 마치 중년의 위기처럼, 대학 생활 중에 겪게 되는 정체성의 혼란이다. '내가 정말 이 길을 가고 싶은 걸까?'라는 생각이 들면서 우울해지고 휴학을 고민하게 된다. 대2병만이 문제는 아니다. 4학년을 앞두고 있는데 자신의 전공으로 갈 수 있는 일이 갑자기 줄어들 수 있다. 사회가 너무 빨리 바뀌니 앞으로는 이런 상황이 더 많아질 것이다. 전공에 대한 불안감이 밀려온다.

대학생뿐만이 아니다. 삶의 어느 시점에서나 정체성의 혼란과 방향성에 대한 고민이 생길 수 있다. 이럴 때에는 새로운 분야를 탐색해보는 것도 좋다. 더 열정적으로 몰입할 수 있는 분야로 전환해보거나 여러 분야를 동시에 탐구해볼 수도 있다. 이는 융복합적 역량을 기르는 좋은 기회가 될 수도 있다.

아마존의 설립자 제프 베조스Jeff Bezos가 물리학자를 포기한 이유에 대한 영상의 조회수가 매우 높았던 적이 있었다. 베조스는 물리학자가 되고 싶어서 미국 명문 대학교 프린스턴에 진학했다. 그는 대학에서 우수한 학생이었다. 그런데 천재 소리를 듣던 베조스도 오랜 시간 동안 풀지 못했던 수학 문제가 있었다. 그것을 한 친구가 단번에 푸는 것을 보고 물리학자의 꿈을 접고 전공을 바꾸었다고 한다. 물론 다른 이유도 있었겠지만 말이다. 그는 전공을 바꾸는 것도 주저함 없이 했을 뿐 아니라 늘 "기꺼이 실패를 감수하라"고 말하였다. 그는 자신이 해낸 많은 일들이 수많은 실패를 거쳐서 나온 것이라고 한다.

우리의 인생은 끊임없는 자기 발견의 과정이다. 불안과 혼란은 자연스러운 것이며, 오히려 성장의 기회가 될 수 있다. 중요한 것은 자신의 관심사와 강점을 끊임없이 탐구하고, 변화를 두려워하지 않는 것이다. 새로운 분야로 전환하거나 여러 영역을 동시에 탐구하는 과정에서 얻은 다양한 경험과 지식은 미래의 불확실한 세상에서 자산이 될 수 있을 것이다.

설레는 진로를 이렇게 찾아보자

'설레는 일을 한다면 항상 행복할 수 있지 않을까?' 이런 생각을 비현실적이라고 여길 수도 있다. "설레는 일을 하면서 어떻게 먹고살아?"라고 말하는 사람도 있을 것이다. 하지만 자신이 관심을 가지고 있고, 좋아하고, 가치 있다고 생각하는 일을 한다면 더 잘할 수 있고 오래할 수 있지 않을까?

끊임없이 질문을 던져보자. "나는 사람들과 만나는 것을 즐기는가?", "내가 두려워하는 것은 무엇인가?", "이 일을 잘할 수 있을까?" 등의 질문들이 도움이 될 것이다. 자녀들에게도 비슷한 질문을 해볼 수 있다. "어떤 일을 할 때 가장 즐거워?", "어떤 분야에서 뛰어난 사람이 되고 싶어?"

이러한 자기 탐색은 고대 철학자들의 가르침과도 일맥상통한다. 소크라테스의 "너 자신을 알라"는 말이나, 플라

톤의 이데아 세계 탐구는 모두 자기탐색의 중요성을 강조한다. AI 시대를 살아가는 우리에게도 이러한 자기 이해는 매우 중요하다. 우리의 강점과 독특함을 알아야 AI와 차별화된 가치를 만들어낼 수 있기 때문이다.

진로 탐색은 단순히 직업을 선택하는 것이 아니다. 우리의 욕망, 관심사, 열정, 강점, 가치관을 이해하고 그에 맞는 삶의 방향을 찾아가는 과정이다. 만약 아직 설레는 일을 찾지 못했다면, 새로운 활동이나 취미를 시도해보자. 봉사활동, 인턴십, 취미 클래스 등 다양한 경험이 도움이 될 수 있다.

또한 진로 탐색에 도움을 주는 다양한 온라인 플랫폼과 대학의 진로 프로그램들을 활용해보자. 워크넷 www.work.go.kr, 커리어넷 www.career.go.kr, My Next Move www.mynextmove.org, Prospects www.prospects.ac.uk 등의 사이트에서 진로 정보와 적성 검사를 받아볼 수 있다. 대학생이라면 대학교에서 제공하는 진로 상담, 멘토링 프로그램, 진로 탐색 교과목 등을 적극 활용하자.

진로 탐색은 평생 지속되는 과정임을 기억하자. 우리의 관심사와 가치관은 시간이 지나면서 변할 수 있다. 따라서 지속적인 자기 성찰과 새로운 경험을 통해 계속해서 자신의 길을 찾아가는 것이 중요하다.

설레는, 미칠 듯이 좋아하는 일을 찾는 것은 단순히 직업을 선택하는 것을 넘어 우리의 존재 이유를 찾는 여정이다. 그 일을 할 때 시간 가는 줄 모르고, 밤을 새워도 피곤하지 않은 그런 일을 찾아보자. 비록 이런 진로를 찾는 과정이 쉽지는 않겠지만, 끊임없이 새로운 것을 시도하고 다양한 경험을 쌓다 보면, 언젠가는 그 '미칠 듯한' 열정을 발견할 수 있을 것이다. 자신이 가장 좋아하는 것을 가장 잘할 수 있을 것이다.

당신의 삶에서 가장 설레는 순간은 언제였나? 그 순간이 주는 의미는 무엇인가?

04

리스킬링과 업스킬링
그리고 평생학습

리스킬링과 업스킬링의 필요성을 인식하자

리스킬링reskilling과 업스킬링upskilling에 대해서 들어본 적이 있는가?

　리스킬링은 기존에 가지고 있던 기술과는 다른 새로운 기술을 배우는 것을 말한다. 예를 들어, 제조업 종사자가 프로그래밍 기술을 배우는 것이다.

　한편 업스킬링은 기존에 가지고 있던 기술을 업그레이드하거나 새로운 기술을 추가로 습득하는 것을 의미한다. 예를 들어, 웹디자이너가 UX/UI 디자인 기술을 추가로 배우거나, 마케터가 디지털 마케팅 기술을 익히는 것이다. 기존 직무 내에서 요구되는 기술이 변화함에 따라 이를 따라가기 위해 새로운 기술을 보완하는 과정이다.

많은 직무가 변화를 맞게 될 것이다. 따라서 개인도 리스킬링과 업스킬링을 위해서 노력해야 할 것이고 직장도 노력해야 할 것이다. 2022년 딜로이트 설문 조사에서 젊은 구성원들의 경우에는 업스킬링과 리스킬링의 기회를 제공하는 회사에 머물 가능성이 더 높다는 것을 알 수 있었다. 기업에서는 기술이 가져오는 혁신 속도를 구성원의 역량이 따라가지 못하는 스킬 갭을 줄이고 우수한 인재들을 확보하기 위해 리스킬링, 업스킬링 프로그램을 제공해야 할 것이다.

평생학습을 할 수 있는 방법이 다양해졌다

'평생교육'과 '평생학습'의 개념은 시간이 지나면서 크게 확장되었다. 과거에는 주로 지역 사회 주민을 위한 대학 부설 '평생교육원'에서 제공하는 비학위 프로그램이나 취미 관련 교양 수업을 떠올렸지만, 이제는 그 범위가 훨씬 넓어졌다.

우리나라에서는 평생교육 단과 대학 사업을 계기로 성인

학습자와 재직자들이 대학 교육을 통해 지속적인 학습 기회를 좀 더 쉽게 제공받을 수 있게 되었다. 이 사업은 온라인 수업, 야간 및 주말 수업 등 유연한 학습 방식을 통해 일과 학업을 병행할 수 있도록 지원하고 있다. 또한 실용적인 지식과 기술 중심의 교육과정을 통해 학습자의 취업 경쟁력을 높이는 데 초점을 맞추고 있다.

평생학습의 범위는 대학 교육을 넘어 더욱 확대되고 있다. 공공기관과 도서관 등에서도 다양한 프로그램을 제공하고 있으며, 온라인 강의와 모바일 앱을 포함한 다양한 방법을 통해 언제 어디서나 원하는 지식을 습득할 수 있게 되었다. 최근에는 온라인 커뮤니티를 통해 함께 공부할 수 있는 프로그램도 늘어나고 있다.

특히 주목할 만한 점은 중장년 및 노년 학습자들의 평생학습에 대한 관심이 증가하고 있다는 것이다. 이는 늘어난 수명에 대비하고 지속적인 사회 참여를 위한 것으로 보인다. 20대뿐 아니라 다양한 연령대의 사람들이 대학에 진학하고 있으며, 일본을 비롯한 여러 국가에서는 이미 시니어들의 대학 진학이 활발히 이루어지고 있다.

공부가 일정한 시점에서 시작하고 끝나는 것이 아니라, 평생에 걸쳐 계속되는 여정이 되고 있다. 이는 빠르게 변화하는 현대 사회에서 개인의 적응력과 경쟁력을 높이기 위해서 반드시 필요하다.

평생학습이 어려운 이유

그런데 어떻게 평생학습을 해야 할지 모르는 사람들도 있다. 아니 평생학습을 해야 한다는 생각 자체를 못하고 있을 수도 있다. 사실 지금까지 우리는 정해진 코스에 의해 초·중·고등학교를 다닌 뒤 대학에 진학하고, 전공 관련 직장에 취업하고, 또 정해진 대로 승진을 해왔기 때문이다. 여행에 비유하면 지금까지 단체 패키지 여행으로 따라다녔던 경험만 있는 것이다. 이제는 개인 자유 여행을 하면서 보고 싶은 것을 더 많이 보고 하고 싶은 것을 더 많이 해보자.

평생학습을 하지 않는 다양한 이유를 심리적·사회적·경제적 요인으로 나누어 분석해보면 다음과 같다.

심리적 요인

동기나 열정 부족 승진이나 급여 인상 등 구체적인 외적 동기나, 개인적인 흥미와 같은 내적 동기가 없는 경우 새로운 것을 배우려는 의욕이 생기지 않을 수 있다. 은퇴 후에는 외적 동기가 줄어들어 배우려는 동기가 더 적어질 수 있다.

자기 효능감 부족   일부 사람들은 자신 스스로가 새로운 기술이나 지식을 배우기 힘들다고 생각한다. 이러한 자기 효능감의 부족은 학습을 시작하기 전에 이미 실패할 것이라는 두려움을 만들 수 있다.

사회적 요인

정보 부족   직장인의 경우 업무에 치중하느라 학습 기회에 대한 정보를 얻기 어려울 수 있다. 은퇴 후에는 일상적인 사회적 교류가 감소하면서 이러한 정보 부족이 더욱 심화될 수 있다. 또한 학습을 함께 할 동료가 없을 경우에도 학습 의지가 감소할 수 있다.

경제적 요인

재정적 제약   직장인의 경우 생활비와 기타 지출로 인해 교육비 투자가 부담될 수 있다. 은퇴자의 경우 고정 수입이 줄어들면서 이러한 부담이 더 커질 수 있다. 특히 장년이나 노년의 경우에 교육 투자로 인한 혜택을 보기가 상대적으로 어렵다고 판단하고 더 투자를 하지 않게 된다.

이러한 문제점들을 제거한다면 평생학습을 통해서 좀 더 나은 삶을 살 수 있을 것이다. 그럼 이런 문제들을 어떻게 해결할까?

평생학습이 어려운 이유의 해결 방법

먼저, 우리 마음을 살펴보자. 동기와 열정이 부족한가? 학습이 가져다주는 기쁨과 삶의 질 향상을 떠올려보자. 이것이 바로 우리의 내적 동기를 자라게 할 수 있을 것이다. 구체적인 목표를 세우는 것도 좋다. 직업적인 것일 수도, 순수한 개인적 즐거움을 위한 것일 수도 있다.

자신감이 부족한가? 작은 성공부터 시작하여 점진적으로 자신감을 쌓아가보자. 짧은 온라인 강좌나 무료 지역 강의부터 시작해보자.

정보가 부족한가? 주변을 둘러보자. 지역 도서관, 평생교육원, 온라인 커뮤니티 등을 활용하여 정보를 얻고 함께 성장할 동료들을 만날 수 있다. 그들과 함께라면 학습의 여정이 더욱 즐거워질 것이다. 인터넷이나 유튜브도 잘 활용해보자.

경제적인 부분이 걱정인가? 지역 기관이나 공공 단체에서 제공하는 무료 또는 저렴한 프로그램들이 생각보다 많다. 이런 기회들을 활용하면 재정적 부담 없이도 학습을 이어갈 수 있다.

유명 역사 강사 이다지 선생은 "모든 꽃이 봄에 피지는 않는다"라고 말했다. 우리의 전성기는 각자 다른 시기에 찾아올 수 있다. 중요한 건 끊임없이 배우고 준비하는 자세다. 그러면 언젠가 우리 모두 아름다운 꽃을 피울 수 있을 것이다. 당신은 언제 꽃을 피우고 싶은가? 끊임없이 배우고 준비하는 과정 자체가 이미 '꽃을 피우는 것'이라고 볼 수 있지 않을까? 결과보다 과정에 더 큰 가치를 두어보는 것은 어떨까?

05

마이크로러닝, 10분 운동으로 근육을 만드는 것처럼

마이크로러닝으로 부담없는 학습부터 시작해보자

'2분 운동', '5분 운동', '10분 운동', '15분 운동' 등 짧은 시간 동안 할 수 있는 운동이 인기를 끌고 있다. 바쁜 일상 속에서 시간적 제약을 느끼지만, 운동은 하고 싶어하는 사람, 심리적으로 운동의 부담감을 덜고 싶은 사람들을 위함이다. 이처럼 짧은 시간 운동은 바쁜 현대인들에게 매력적일 수 밖에 없기 때문에 소셜 미디어 채널들에서 경쟁적으로 소개하고 있다. 아직 한번도 해본 적이 없다면 지금 유튜브에서 찾아서 10분만 해보자.

현대 사회에서는 시간을 효율적으로 활용하려는 경향이 강하다. 이처럼 '짧은 시간'에 초점을 맞춘 현대의 트렌드는 운동뿐만이 아닌 학습 그리고 학위 취득 방식에도 변화를 가져오고 있다.

마이크로러닝Micro Learning은 '아주 작은'Micro + '학습'Learning이라는 뜻으로 이는 학습자의 집중력을 최대화하고, 효율적으로 지식을 전달할 수 있다. 정보를 소화하기 쉬운 작은 단위, 한 입 단위로 제공한다. 특히 바쁜 현대인들이나 직장인, 디지털 기기를 자주 사용하는 학습자들에게 적합하다. 요즘 영상도 숏폼이 유행인 것과도 비슷하다. 미국의 인재개발협회ATD, Association for Talent Development는 업무 중 필요한 지식을 바로 학습할 수 있도록 하고 학습한 내용을 업무에 즉각적으로 적용할 수 있게 하는 이 방법을 미국 내 기업의 약 80% 가까이 사용 중이거나 사용할 계획을 가지고 있다고도 했다.

"하루에 단 11분씩 11주면 AI로 인한 업무 효율을 현실에서 체감할 수 있다." MS는 AI 기반 도구인 코파일럿을 이용해 하루 11분씩 11주 동안 AI를 사용하면 생산성과 업무 만족도에서 유의미한 개선을 경험할 수 있다고 주장하기도 했다.

작은 학습 실천으로 성장 마인드와
성장 근육을 키워보자

과거에는 무엇인가를 배우고 싶으면 학교에 가거나 학원에 등록하고 일정 시간을 투자하면서 학습을 하는 것이 대부분이었다. 그런데 이제는 필요한 내용을 짧은 동영상 콘텐츠로도 배울 수 있고 이를 실무에 바로 적용시킬 수도 있다. 하루 중 잠깐의 시간을 내어 최신 기술이나 지식을 배우는 것으로 우리 삶에 변화가 올 수도 있다. 바쁜 일상 속에서도 잠시 멈춰서 새로운 것을 배우는 순간들은 건강을 위해 5분, 10분 운동을 하거나 내면의 평화를 찾기 위해 짧은 명상하는 것과 비슷하다. 출퇴근길에 새로운 언어를 배우는 팟캐스트를 듣거나, 점심시간에 AI 온라인 강의를 들어보자. 아침 일찍 일어나서 온라인 학습 커뮤니티에 참여해볼 수도 있을 것이다.

이렇게 작은 노력으로 시작된 배움의 시간들도 자신을 더 나은 방향으로 변화시키는 힘이 있다. 끊임없이 성장하려는 우리의 의지를 다져준다. 성장 마인드와 성장 근육은 자신을 발전시키고자 하는 일상의 작은 습관에서 커진다. 이러한 작은 학습 실천으로 우리의 성장 마인드와 성장 근육을 키워보자.

매일의 작은 노력들을 모아서 큰 그림을 그린다면, 당신은 어떤 그림을 그리고 싶은가?

06

마이크로디그리, 마이크로크리덴셜로 미래에 필요한 역량이나 기술 배우기

빠르게 변화하는 시대, 스마트한 단기 학습

짧은 시간 동안 학습하는 것뿐만 아니라 짧은 기간 동안 배우는 것도 학습 트렌드 중 하나가 되었다. 디즈니의 성공 비결은 무엇인가라는 질문에 많은 사람들이 '서비스'라고 말한다. 그런데 이렇게 성공 비결이 된 고객 서비스 뒤에는 '디즈니 대학'이 있다. 이 디즈니 대학은 디즈니 기업 내에서 직원 교육을 담당하는 기관이다. 디즈니에서 요구되는 '서비스'라는 특정 기술이나 역량을 6개월이라는 집중된 기간 동안 가르친다. 디즈니에 입사하는 모든 직원은

6개월 동안 이 사내 대학에서 공부를 해야 하고 최상의 서비스를 제공하는 '배우'로 재탄생하게 된다.

구글과 MS와 같은 기업들이 직원 채용 시 경력 인증서 Certificates를 점점 더 중요하게 간주하고 있다. 이 인증서는 특정 기술에 대한 실질적인 지식과 능력을 입증하는 수단이다. 예를 들어, 구글의 IT 지원 전문가 인증서나 MS에서 제공하는 인증서는 실제 업무에서 효율적으로 기술을 적용할 수 있는 능력을 가지고 있다는 것을 증명한다. 기업들의 특정 업무에 즉시 투입 가능한 것이다. 이러한 강의의 수강 기간은 약 3~6개월 정도이다.

마이크로크리덴셜Micro Credential은 특정 기술이나 지식을 습득했음을 인증하는 학습 프로그램이다. 특정 기술이나 지식에 대한 짧은 기간의 학습으로 구성된다. 여러 개의 마이크로크리덴셜을 마치 모듈을 조합하듯 만들어 더 큰 자격증이나 학위로 발전시키는 방법도 가능하다. 노동 시장의 급격한 변화에 따라 특정 기술을 단기간 습득해야 할 뿐 아니라 재교육 수요가 증가함에 따라 최근 주목을 받고 있다.

현대 사회에서는 한 직장을 평생 직장으로 여기지 않는 사람들이 많아졌다. 동시에 기업들도 한 사람을 뽑아 오랜 기간 교육해서 업무에 투입하는 방식에서 벗어나, 특정 직무를 즉시 수행할 수 있는 인재를 찾거나 짧은 기간 교육해서 투입하는 경향이 강해졌다. 이러한 변화에 맞추어 개인은 시대에 맞는 직무 능력을 빠르게 갖추거나 업그레이드 할 수 있는 방법을 찾고 실행해야 할 것이다.

대학에서 제공하는 마이크로디그리를 활용해보자

마이크로디그리Micro Degree는 '마이크로'micro와 '디그리'degree의 합성어로, 소단위 학위를 의미한다. 특정 지식이나 새로운 기술을 단기간에 집중적으로 학습할 수 있다. 보통 몇 주에서 몇 달 정도의 짧은 기간 동안 특정 전문 분야에 대해 학습할 수 있는 과정으로, 최신 산업 트렌드에 맞는 특정 기술이나 역량에 초점을 맞추고 있어 미래 사회에 효과적으로 대응할 수 있도록 한다.

전공이나 프로그램에 따라 차이는 있겠지만, 현재 대학 교육과 실제 산업 현장의 변화 속도 사이에는 격차가 존재하는 경우가 있다. 특정 전공의 경우에는 대학 4학년이 되면 1학년 때 배운 내용의 50%가 이미 구식이 된다는 말이 있을 정도다. 대학들도 이러한 변화에 대응하기 위해 노력하고 있지만, 특성상 급격한 변화를 따라가기에는 한계가 있다. 심지어 일부에서는 앞으로 대학 학위의 필요성이 줄어들 것이라는 주장도 나오고 있다.

이러한 상황에서 기업들은 실무에 바로 적용할 수 있는 최신 기술을 보유한 인재를 원하고 있다. 이에 대응하여 여러 대학에서도 마이크로디그리 과정을 제공하기 시작했다. 대학의 마이크로디그리는 세분화된 역량 개발에 필요한 특정 기술이나 전공 관련 교과목을 이수하면 졸업장에 표기해주거나 별도의 이수증을 부여하는 형태로 운영된다. 보통 9~18학점 정도로 구성되며, 사회적 요구에 빠르게 대응할 수 있는 교육을 제공하는 것을 목표로 한다.

대학생이라면 이 마이크로디그리를 잘 활용해보자. 이는 이력서에 추가할 수 있는 의미 있는 요소가 될 뿐만 아니라, 실제로 졸업 후 직장에서 바로 적용 가능한 실력을 갖추는 데 도움이 될 수 있다.

대학에서 제공하는 AI 추천 시스템이나 큐레이션 서비스가 있다면 이의 도움을 받는 것도 좋다. 이를 통해 자신의 관심사와 목표에 가장 적합한 마이크로디그리 과정을 선택할 수 있을 것이다.

대학생이 아니라면 마이크로디그리, 이렇게 해보자

마이크로디그리의 혜택은 대학생에만 국한되지 않는다. 일반인들도 이러한 교육과정을 통해 자신의 역량을 향상시킬 수 있는 기회가 점점 더 많아지고 있다. 이는 2013년 1월 〈뉴욕타임즈〉의 〈혁명이 대학을 강타하고 있다 Revolution Hits the Universities〉라는 기사에서 예견된 바와 같이, 저렴한 비용으로 원하는 대학의 원하는 수업만을 모아 자신만의 커리큘럼을 구성할 수 있는 시대가 도래했음을 의미한다.

이미 해외에서는 코세라, 에드X, 유데미와 같은 온라인 교육 플랫폼들이 하버드와 MIT 등 세계 유수의 대학 및 기관들과 협력하여 다양한 마이크로디그리와 나노디그리 프로그램을 제공하고 있다. 이들 플랫폼은 무료 과정부터 유료 과정, 그리고 공식 증명서를 발급받을 수 있는 과정까지 다양한 옵션을 제공한다.

이제 이러한 과정들이 한국어로도 제공되기 시작했다. 현재 1억 4,200만여 명의 학습자가 이용하고 있는 세계 최대의 온라인 교육 플랫폼인 코세라는 AI 번역 기능을 도입하여 한국어 서비스를 시작했다.

또 다른 주요 플랫폼인 유데미Udemy는, 'Your Academy', 즉 '당신의 학교'라는 의미를 담고 있으며, 누구나 가르치고 배울 수 있는 개방형 플랫폼이다. 약 6,400만 명의 글로벌 학습자를 보유하고 있는 유데미는 최근 국내 기업과의 파트너십을 통해 한국 사용자들에게도 알려지게 되었다.

> **다양한 온라인 학습 플랫폼**
> 코세라 www.coursera.org
> 유데미 www.udemy.com
> 에드X www.edx.org
> 유다시티 www.udacity.com
> 칸 아카데미 www.khanacademy.org

외국의 과정이던 한국의 과정이던 만약 6개월 동안 집중적으로 하나의 새로운 기술을 배울 수 있다면, 어떤 것을 배우고 싶은가?

07

자기 브랜딩과 시나리오 그리고 재미있는 미래

자기 브랜딩을 시작하자

진로를 찾고 공부를 시작했다면, 이제 브랜딩을 하자. 스타트업 할 회사 종목을 찾았으면 브랜딩을 해야 하는 것과 같다. 과거의 표준화된 시대는 가고, 이제는 개인의 고유한 가치와 특성이 중요시되는 개인화 시대이다. 퍼스널 브랜딩이 더욱 중요해지고 있다.

  퍼스널 브랜딩이라는 말을 많이 들어 봤을 것이다. 이는 개인이 자신만의 고유한 가치를 발견하고, 자신만의 독특한 이야기를 만들어 자신의 강점과 열정을 세상에 알리는 방법이다. 본인의 일이나 파는 상품, 서비스를 차별화하여 가치를 높여준다.

중요한 것은 퍼스널 브랜딩이 일회성 프로젝트가 아닌, 평생 지속되는 여정이 되어야 한다는 점이다. 자신의 브랜드를 지속적으로 발전시키고, 새로운 이야기를 만들어가 보자.

커피라고 했을 때 특정 커피 브랜드가 떠오르듯이 특정 분야가 언급되었을 때 떠오르는 사람이 되어보자. 퍼스널 브랜딩은 전문가만 할 수 있는 것도 아니다. 개인화 시대에는 모든 사람이 자신만의 브랜드를 가질 수 있고, 가져야 한다.

그럼, 이 퍼스널 브랜딩은 어떻게 시작하면 될까?

1. 자기를 이해하고 차별화하자

먼저 자기 자신뿐 아니라 환경, 트렌드를 분석하고, 여기에 자신만의 색, 차별화 포인트와 역량을 강조해보자.

- **목표**: 단기적·장기적 목표를 명확히 설정한다. "5년 내 인간중심의 독특하고 혁신적인 교육 플랫폼 개발하기"와 같은 목표를 정하고 구체적인 액션 플랜을 정하자.
- **열정**: 열정이 자신을 움직이는 엔진이라는 것을 이해하

고, 시간 가는 줄 모르고 몰입할 수 있는 것을 찾자.
- **강점**: 주변 사람들이 인정하는 자신의 장점과 가장 자신감 있는 일을 파악하자. 강점은 최대한 구체화해서 써보자.
- **관심 대상**: 존경하거나 영향을 받는 사람들을 파악하고, 그들의 매력적인 점을 분석해보자.
- **시장 분석**: 내가 활동하고 싶은 분야의 시장과 고객을 분석해 보자. 고객의 마음을 공감해 보자.
- **트렌드 분석**: 관심 분야의 최신 이슈나 기술을 파악해 보자.
- **차별화 포인트**: 예를 들어, 영어 전공자이면서 만화 그리기에 재능이 있다던지, 차별화 포인트를 찾아내보자. 거창한 것일 필요도 없다. 한 예로, 복잡한 내용을 쉽게 설명하는 능력을 잘 활용하여 차별화할 수도 있을 것이다.
- **인간 고유의 역량 강조**: 본인만의 특별한 인간 고유의 역량을 찾고 다른 사람들과 차별화하자.
- **독특한 관점 표현**: 누구도 모방할 수 없는, 자신만의 경험이나 시각, 감성을 통해 세상을 바라보는 방식을 설명해 보자. 여기에서 자신의 브랜드만의 재미가 만들어질 수 있다.

이러한 과정을 통해 만들어진 퍼스널 브랜드는 자신의 본질을 효과적으로 전달하는 도구가 될 것이다. 화려하게 포장하기 보다는 진정성 있는 내용, 그리고 지속적인 업그레이드가 필요하다.

2. 일관된 메시지, 콘텐츠와 스토리를 개발하자

자신의 브랜드를 사람들의 마음에 확실히 각인시키는 것이 필요하다. 더 나아가, 당신의 브랜드가 사람들의 마음을 움직일 수 있게 해보자. AI 시대의 미래 인재로서 자신의 고유한 가치를 부각시키는 것도 중요하다. 자신의 브랜드를 응축할 수 있는 메시지는 무엇인지를 생각하는 한편, 어떤 스토리를 만들 수 있는지를 생각해보자.

핵심 메시지 정리하기 전달하고자 하는 가장 중요한 내용을 간단명료하게 정리해보자. 창의적이고 감동적이면 더 좋다. 핵심 키워드도 뽑아보자. AI를 활용해서 카피라이팅을 해볼 수도 있다.

실천과 증명 말로만 하는 것이 아니라, 실제 행동으로 보여주는 것이 중요하다. 그리고 그것을 스토리로 만들어보

자. 실제 하지 않은 일을 바탕으로 만든 이야기는 쉽게 거짓임이 드러난다.

일관성과 진정성 유지하기 심지어 자소서에도 "반에 어려운 친구가 있어 그 친구를 도운 적이 있다"로 충분하지 않다. 단발성 경험이 아닌, 지속적인 노력과 성과를 보여주어야 한다.

콘텐츠 개발하기 독특한 경험, 전문성, 관점을 바탕으로 콘텐츠를 만들어보자. 블로그 포스트, 유튜브 영상, 팟캐스트, 인포그래픽 등 다양하게 활용될 수 있을 것이다. 중요한 것은 이 콘텐츠가 자신의 브랜드 메시지와 일치하며, 독특한 가치를 명확히 전달해야 한다는 것이다.

변신하기 지속하고 유지하라는 것이 한 번 한 것을 무조건 계속하라는 것을 의미하지는 않는다. 새로운 기술의 개발이나 환경의 변화에 따라, 또는 다른 이유로 이에 맞춰 자신의 브랜드를 조정, 피봇Pivot을 할 필요가 있다. 기본은 유지한 채, 시대에 맞게 그리고 본인의 발전에 맞게 변신해보자. 브랜딩은 영어로 branding이다. 과정이 강조된다.

3. 역량을 증명하고 영향력을 확산하자

자신의 브랜드를 세상과 공유하지 않으면 그 가치는 제한 적일 수밖에 없다. 당신의 전문성과 독특한 관점은 다른 이들에게 영감을 주고, 사회에 긍정적인 변화를 일으킬 수 있는 잠재력을 가지고 있다. 자신의 역량을 증명하고 그 영향력을 확산시키는 것은 개인의 성장뿐만 아니라 사회적 기여를 위해서도 필요하다.

콘텐츠 공유 어떤 방법이든 나만의 콘텐츠를 공유하자. 초기에는 기본적인 정보 공유 수준일 수 있지만, 지속적인 자기혁신을 통해 독창적인 아이디어와 깊이 있는 통찰을 제공할 수 있을 것이다.

온라인 플랫폼 활용 블로그나 홈페이지, 유튜브 채널 등 가장 적합한 채널을 선택하고 이를 통해 자신의 브랜드와 자기혁신 과정을 공유하자.

오프라인 활동 참여 컨퍼런스 발표나 네트워킹 행사에 참여하여 실제 대면 소통도 해보자. 이는 AI 시대에 더욱 중요해지는 인간 대 인간의 연결과 공감 능력, 그리고 자기

혁신의 결과를 공유하는 좋은 기회다. 명함이나 로고는 물론이고 스타일이나 사무실 인테리어도 자신을 보여줄 수 있으면 좋다.

전문성 인정받기 논문 투고나 기사 기고를 통해 전문가로 인정받자. 자기혁신을 통한 새로운 시각이나 연구 결과를 공유해보자. 전문성뿐 아니라 자신이 하는 일에 대한 진정한 열정 또한 보여주자. 전문가로서의 윤리적 리더십을 보여주는 것도 잊지말자.

네트워크 구축 같은 분야의 전문가들, 멘토, 동료들과 관계를 맺고 유지하는 것이 필요하다. 이를 통해 새로운 기회나 인사이트를 얻을 수 있고, 자신의 브랜드를 더 넓은 범위로 확장할 수 있다.

4. 지속적으로 리브랜딩 하자

우리가 살아가는 사회와 삶은 끊임없는 변화를 요구한다. 특히 AI 기술의 급속한 발전으로 인해 이러한 변화의 속도는 더욱 빨라지고 있다. 이러한 환경에서 리브랜딩은 단순한 선택이 아닌 필수가 되었다. 리브랜딩은 변화하는 환경에 적응하고, 새로운 정체성을 구축하는 과정이다.

현재 상태 파악하기　자신의 전문 분야, 기술, 경험을 목록화해서 검토해보자. 온라인 프로필이나 자신의 홈페이지, SNS 등을 검토하고 AI 관련 기술을 포함한 최근 트렌드에 대한 자신의 이해도도 점검한다.

성과 평가하기　단기(6개월~1년), 중기(1~3년), 장기(3~5년) 목표에 대한 성과가 있는지 파악하고 보완한다.

피드백 수용하기　타인들로부터 자신의 강점과 약점에 대한 의견을 구하고 AI를 활용하여 객관적인 데이터도 수집한다. 받은 피드백을 바탕으로 구체적인 개선 계획을 수립한다.

지속적인 성장 노력　온라인 학습 플랫폼에서 수강을 하거나 워크숍에 참석을 하거나, 책을 읽는 등 성장을 위한 다양한 노력을 한다. 이외에도 브랜드 평판 관리를 위한 노력을 한다.

자기설명서 대신 자기 스토리, 자기 시나리오를 써보자

'스펙'은 영어 단어 'Specification'의 준말이다. 위키백과에 의하면 '직장을 구하는 사람들 사이에서 학력·학점·토익 점수 따위를 합한 것 등 서류상의 기록 중 업적이다. 유래를 보면, 본래 '제품 특징'을 가리킬 때 사용되었는데 최근에 확대되어 사용된다고 한다.

'Specification'의 사전적 정의는 '설명서', '사양서'다. 이 설명서도 성취와 능력을 구체적으로 보여준다는 점에서 중요하지만, AI 시대에는 자기 스토리가 더 중요하다. 예를 들어, 내가 동아리 회장을 했다는 것은 스펙이다. 전국에 동아리 회장을 한 학생들은 매우 많을 것이다. 그런데 동아리 회장을 왜 했는지, 어떤 리더십을 보여 주었는지를 보여주는 것은 자신만의 것이기 때문에 자신만의 스토리가 더 중요한 것이다. 시련이나 실패도 스토리에 포함해보자. 어려움을 대하는 태도가 남다름을 보여주자.

좀 더 미래지향적인 '시나리오'도 써보자. 그러면 무엇이 더 필요한지 알기 쉬울 것이다.

조직심리학자이면서 베스트셀러 작가인 벤저민 하디

Benjamin Hardy는 《퓨처 셀프Be Your Future Self Now》[●]에서 미래의 내가 어떤 모습인지 생각해보라고 한다. 그는 미래의 나와 연결될수록 현재 더 나은 삶을 살게 된다고 말한다. 미래의 나와 연결할 수 있는 방법으로도 시나리오를 활용할 수 있다.

시나리오는 특정 상황에서 예상되는 일련의 사건이나 행동을 서술하는 것이다. 이는 개인의 목표를 구체화하고, 이를 이루기 위한 계획을 세우는 데 중요한 역할을 하기도 한다.

시나리오 기법은 불확실한 미래를 계획하고 대비하는 데 매우 효과적인 도구다. 매킨지와 같은 세계적인 컨설팅 회사를 비롯하여 여러 조직과 기업들은 물론이고 국가에서도 이 방법을 중요하게 생각하며, 다양한 분야에서 활용하고 있기도 하다. 컨설팅 회사들은 글로벌 경제, 사회적 변화, 기술 혁신 등 다양한 요소들이 비즈니스 환경에 미치는 영향을 평가하기 위해 특정 주제에 대한 시나리오를 개발하여 고객사가 전략을 수립하도록 돕는다. 국가도 불확실한 미래에 대응하기 위해서 시나리오를 써서 전략을 수

● Hardy, B. (2023). Be Your Future Self Now: The Science of Intentional Transformation. Hay House.

립한다. 이외의 작은 기업들도 시나리오를 작성하도록 하고 전략을 세우는 것에 도움을 받는다.

그런데 이 시나리오 기법은 미래가 불확실한 이 시대에, 개인의 발전과 성장에 있어서도 유용한 도구가 될 수 있다. 시나리오를 쓰는 것이 어렵게 느껴질 수도 있다. 내가 쓰는 시나리오가 무슨 도움이 되겠는가라고 생각할 수도 있다. 그렇지만 사실 내가 나를 가장 잘 안다. 어렵게 생각하지 말고 브랜딩과 마찬가지로 현재 자신의 상황을 객관적으로 분석하고 세상의 변화 상황을 분석하자. 그 후에는 다양한 시나리오를 작성해보자. 그리고 최선의 시나리오에 맞는 구체적인 액션 플랜을 세우면 된다. 이 시나리오를 바탕으로 미래의 나를 기억할 수 있도록 하여 시나리오 속 자신의 꿈을 현실로 만들어보자.

퍼스널 브랜딩과 자기 스토리를 통해 자신을 이해하고 표현하며, 리브랜딩을 통해 변화와 성장에 적응하고, 시나리오 작성을 통해 자신의 삶을 계획하고 실현해나가자. 이 모든 과정을 단순히 성공을 위해서가 아니라 자신을 발견하고, 진정으로 재미있고 의미 있는 삶을 살아가는 방법으로 사용해보자.

AI 시대의 지속적인 자기 발전 여정

"5년 후, 10년 후의 나는 어떤 모습일까?" 이 질문에 설렘이 느껴지는가?

바쁜 일상 속에서 미래를 위한 준비는 때로 사치처럼 여겨질 때가 있다. 하지만 이것은 우리의 미래를 위한 소중한 투자다. 돈을 저축하듯 차곡차곡 쌓아가면, 어느새 우리는 성장한다. 이런 성장의 순간들이 모여 우리의 미래를 만들어간다.

AI 시대는 우리에게 무한한 가능성의 문을 열어주고 있다. AI로 단순한 업무에서 해방된 우리는 더 인간다운 영역에 집중할 수 있게 될 것이다. AI는 우리의 능력을 확장시키는 강력한 도구가 되어, 과거에는 불가능했던 꿈들을 현실로 만들어주고 있다. '늦었다'는 말도 이제 의미가 없다. 나이와 환경의 제약을 넘어, 우리 모두에게 새로운 시작의 기회가 열려 있다.

불확실성 속에서도 우리는 끊임없이 성장할 수 있다. AI와 함께하는 미래는 도전이자 기회다. 이는 우리의 인간성을 더욱 빛나게 할 수도 있고 더 깊이 있는 삶, 더 충만한 경험을 할 수도 있을 것이다.

우리 모두가 미래의 주인공이 될 수 있는 시대, 어떤 꿈이든 이룰 수 있는 가능성이 열린 시대이다. 그 속에서 우리는 각자의 독특하고 흥미진진한 이야기를 써내려가보자. 지금 자신에게 질문해보자. "나는 어떤 재미있는 스토리를 만들어갈까?"

부록

교육자와 부모에게_
언브레이커블 인재를 위한 20가지

AI 시대의 언브레이커블 인재로 성장시키기 위한 체크리스트이다. 교육 기관과 가정에서 AI 시대에 적합한 교육 방식을 개발하고 적용하는 데 지침이 될 수 있을 것이다.

1. **인간을 변화시키는 교육** 성능 좋은 AI도, 훌륭한 공교육도, 비싼 사교육도, 인간이 변하지 않으면 그 힘을 발휘하지 못한다. 인간의 성장과 변화를 촉진하는 교육이 필요하다.

2. **인간 고유 역량 교육** AI와 차별화되는 인간 고유의 능력 개발에 중점을 둔다. 융합력, 인성, AI 주도력, 창의적 문제해결력, 자기혁신력 등 현대 사회에서 필수적인 역량을 기르는 교육을 실시해야 한다. 이 책에서는 AI 시대에 필요한 인간의 핵심 역량들을 상세히 다루고 있으니 참고하면 좋다.

3. **X + AI + HC** Human Competencies **+ U** Uniqueness **인재 양성 교육** 특정 분야의 전문성(X)과 AI 활용 능력, 인간 고유의 역량(HC), 그리고 개인의 유니크함(U)을 결합한 인재 양성을 목표로 한다. 이를 통해 AI와 협력하면서도 인간만의 고유한 가치를 발휘할 수 있는 인재로 성장시킨다.

4. **경계 허물기** 다양한 학문 분야의 통합과 혁신적 교육과정 제공을 통해 새로운 가치를 창출할 수 있도록 한다. 대학이라면 전공 간의 융합, 마이크로디그리, 자기설계전공 등을 적절하게 적용할 수 있다. 의사소통과 협력이 활발히 이루어질 수 있는 물리적 벽을 없애는 것도 중요하다. 전공, 학년, 시간의 벽도 허물어 본다. 어린아이들의 경우, 과목 간의 경계를 허물고 통합적인 학습 경험을 제공할 수 있다.

5. **혁신적 교수법 적용** 학습자의 실제 문제 해결 능력과 미래역량 함양을 위해 다양한 혁신적 교수법을 도입한다. 이는 프로젝트 기반 학습, 문제 중심 학습(PBL), 리빙랩, 캡스톤 디자인 등을 포함한다. 어린 학습자의 경우 놀이 중심 학습과 체험 학습을 통해 창의성과 문제해결 능력을 개발한다.

6. **디지털 리터러시, AI 리터러시, 멀티모달 리터러시와 디지털시민성 교육** 최신 기술을 자유롭게 활용하고 이해할 수 있도록 디지털 리터러시, AI 리터러시, 멀티모달 리터러시 교육을 실시한다. 여러 가지 방법으로 정보를 표현하고 해석할 수 있는 능력을 키운다. 이와 동시에 디지털 시민성 교육도 반드시 함께 실시하여 책임감 있는 행동과 윤리적 판단력을 기른다.

7. **하이테크 하이터치** AI와 기술을 활용한 교육과 인간의 감성과

대인 관계 기술을 중시하는 교육, 인간 역량 중심 교육을 조화롭게 제공한다. 지식의 전달, 데이터 확보와 같이 기술을 활용하는 것이 효과적인 것에는 기술을 활용하자. 한편, 이러한 기술의 활용과 인간적 요소의 균형을 맞추는 것이 중요하며, 이를 위해 교사의 역량 개발에도 주력한다.

8. **맞춤형 학습과 학습자화** Learnerization 학습자의 요구, 학습 스타일과 목표에 맞춘 학습 경로를 제공하고, 학습 환경을 최적화한다. 학생들이 교육과 의사 결정 과정에 참여할 수 있는 기회를 제공한다. 예를 들어, 학생들이 직접 커리큘럼 개발에 참여하거나 정책 결정에 의견을 낼 수 있는 시스템을 구축한다.

9. **초개인화 교육** Hyper-personalized Education AI와 데이터 분석뿐 아니라 교사의 관찰을 통해 학생 개개인의 세부적인 특성, 학습 습관, 흥미, 심리적 상태 등을 파악하고 맞춤형 학습 경험을 제공한다. 학생들의 잠재력을 최대한 발휘할 수 있도록 지원한다.

10. **평가 방법 혁신** 다면적이고 과정 중심적인 평가 방법을 도입한다. 정답이 하나인 단순한 시험보다는 프로젝트나 포트폴리오 등으로 평가하고 협업 역량, 창의적 문제 해결 역량 등을 다각적으로 평가한다.

11. **실무 중심 교육** 산업 현장과 연계하여 실제로 필요한 기술과 지식을 교육과정에 반영한다. 인턴십, 현장 실습, 산학 협력 프로그램을 확대한다. 배운 후 적용하는 것이 아니라 경험하면서 배우도록 한다. 어린아이들의 경우, 실생활과 연계된 체험 학습을 제공한다.

12. **통합적 학습 경험**   교과교육과 비교과 활동, 리빙랩을 연계하여 학생들이 통합적으로 학습할 수 있도록 한다. 어린아이들의 경우, 놀이와 학습을 연계하여 자연스럽게 지식과 기술을 습득할 수 있는 환경을 조성한다.

13. **지역 사회 연계 교육**   지역 문제 해결 참여를 통한 실질적 학습 경험을 제공한다. 지역 사회의 필요를 반영한 교육 프로그램을 개발하고, 학생들은 지역 사회의 문제를 해결하기 위한 공동 프로젝트를 통해 문제 해결 능력을 강화한다. 어린아이들의 경우, 지역 사회와 연계된 체험 학습을 통해 사회성과 공동체 의식을 기를 수 있도록 한다.

14. **진로 교육 강화**   다양한 진로 탐색 기회와 맞춤형 진로 지도를 제공한다. 세분화된 진로 트랙을 제공하고 조합이 가능하도록 하여 진로 선택의 폭을 넓힐 수 있도록 한다. 어린아이들의 경우에도 다양한 직업과 진로에 대한 탐색 기회를 제공하여 자신의 흥미와 적성을 발견할 수 있도록 돕는다.

15. **인성과 윤리 교육 강화**   AI 시대에 필요한 윤리적 판단력과 책임감을 기를 수 있도록 하여 좋은 AI와 행복한 미래를 만들어갈 수 있도록 한다. 예를 들어, AI 윤리, 데이터 프라이버시, 디지털 시대의 도덕적 딜레마 등을 다루는 과정을 제공할 수 있다.

16. **사회 정서 학습 지도**   감정 관리, 대인 관계 기술 등 정서적 역량 개발을 위한 교육을 하여 AI가 할 수 없는 부분을 보완할 수 있는 미래 인재가 될 수 있도록 한다.

17. **철학적 사고와 비판적 사고력 함양 교육**   학생들이 깊이 사고

하고, 논리적으로 분석하며, 올바른 결정을 내리는 능력을 기르는 데 중점을 둔 철학적 사고와 비판적 사고 교육을 실시한다. 또한 질문하는 능력을 기르는 것도 중요하다. 소크라테스식 대화법, 논리학 수업, 딜레마 토론 등을 통해 이러한 능력을 함양할 수 있도록 한다.

18. **지속가능성 교육**   에너지 절약, 환경 보호 활동 등 지속 가능한 발전을 위한 교육을 실시한다. 예를 들어, 학교 내 재생 에너지 프로젝트를 실시하거나, 지속가능한 발전 목표SDGs를 커리큘럼에 통합할 수 있다.

19. **글로벌 역량 강화**   국제적 시야와 문화적 다양성을 이해하는 교육을 제공한다. 글로벌 경쟁력 강화를 위해 해외 대학과의 교류 프로그램, 국제 연구 협력, 다국적 온라인 수업 등을 적극적으로 추진한다.

20. **자기 주도적 평생학습 문화 조성**   지속적인 자기 계발과 학습 능력 향상을 위한 교육 체계 구축이 필요하다. 자기 주도적 학습 능력을 키울 수 있는 방법을 가르치고, 급변하는 사회에 대응하기 위해 지속적인 자기 계발의 중요성을 인식시킨다. 아이들의 경우에도 스스로 학습하는 습관을 조기에 형성할 수 있도록 지도한다.

시대의
언브레이커블 인재

초판 1쇄 발행 2024년 9월 19일
초판 2쇄 발행 2024년 11월 1일

지은이 김지은
펴낸곳 ㈜에스제이더블유인터내셔널
펴낸이 양홍걸 이시원

홈페이지 siwonbooks.com
블로그 · 인스타 · 페이스북 siwonbooks
주소 서울시 영등포구 영신로 166 시원스쿨
구입 문의 02)2014-8151
고객센터 02)6409-0878

ISBN 979-11-6150-890-0 03370

이 책은 저작권법에 따라 보호받는 저작물이므로 무단복제와 무단전재를 금합니다. 이 책 내용의 전부 또는 일부를 이용하려면 반드시 저작권자와 ㈜에스제이더블유인터내셔널의 서면 동의를 받아야 합니다.

시원북스는 ㈜에스제이더블유인터내셔널의 단행본 브랜드입니다.

독자 여러분의 투고를 기다립니다.
책에 관한 아이디어나 투고를 보내주세요.
siwonbooks@siwonschool.com